Louis LIARD

UNIVERSITÉS

ET

FACULTÉS

PARIS

ARMAND COLIN ET Cie, ÉDITEURS

1, 3, 5, RUE DE MÉZIÈRES

UNIVERSITÉS

ET

FACULTÉS

Louis LIARD

UNIVERSITÉS

ET

FACULTÉS

PARIS

ARMAND COLIN ET Cie, ÉDITEURS

5, RUE DE MÉZIÈRES, 5

Tous droits réservés.

AVANT-PROPOS

M. le Ministre de l'Instruction publique vient de poser officiellement, lors des fêtes du VIe centenaire de l'Université de Montpellier, la question des Universités et d'annoncer sa résolution de la soumettre aux Chambres.

Dans les pages qu'on va lire, et qui

ont paru, sauf retouches de détail, dans la Revue des Deux Mondes[1], j'ai essayé de montrer la genèse de cette question.

Elle ne surgit pas à l'improviste. Elle est l'aboutissant d'une longue série d'efforts, d'actes et de progrès.

Depuis quinze ans, nos Facultés se sont renouvelées, corps et âme.

Il m'a semblé qu'il y avait en ce moment quelque utilité à retracer les phases de cette transformation.

Ce petit volume n'a donc par lui-même qu'un intérêt de circonstance. Mais les choses qu'il contient, faits et idées, ont

---

[1]. 15 décembre 1889, 15 février et 15 mai 1890.

une portée plus étendue. Elles sont un des honneurs du gouvernement de la République et une des forces nouvelles de la patrie française.

Paris, le 31 mai 1890.

UNIVERSITÉS ET FACULTÉS

I

LE PASSÉ DES FACULTÉS

C'est une évolution que je vais essayer de décrire. Pour la faire comprendre, il ne suffirait pas d'en indiquer les germes, les idées directrices et les phases. Il faut encore dire, et avant toute autre chose, ce qui l'a rendue nécessaire et à quel état elle a succédé. Cet état lui-même s'explique par des causes historiques. Je me trouve ainsi conduit, voulant dire ce que sont aujourd'hui nos Facultés et ce qu'elles semblent devoir être demain, à montrer d'abord, en quelques mots, ce qu'elles ont été au cours du siècle.

Avant la Révolution, on ne distinguait pas

entre ce que nous appelons aujourd'hui l'enseignement secondaire et l'enseignement supérieur. Toute l'instruction se donnait à l'Université : l'instruction préparatoire, latin, grec, rhétorique, philosophie et éléments des sciences, à la Faculté des arts; l'instruction professionnelle, théologie, droit et médecine, aux Facultés de théologie, de droit et de médecine.

Cristallisées dans cette forme depuis des siècles, il n'y avait en elles aucune place pour un haut enseignement des lettres et des sciences, encore moins pour les recherches savantes. Aussi toute la science du xviiie siècle fut-elle faite en dehors d'elles, souvent en dépit d'elles.

Ce fut la principale raison de leur décadence et plus tard de leur suppression. Sans doute, avec la Révolution, elles auraient été atteintes, comme le furent toutes les autres institutions de l'ancien régime, dans leur constitution et dans leurs privilèges ; mais peut-être n'auraient-elles pas disparu, sans leur torpeur scientifique et sans leur antagonisme à l'esprit de la science, où le nouvel esprit public ne devait pas tarder à voir un dissentiment irréductible avec le nouvel état politique et social.

La Révolution supprima les Universités. Mais

elle ne songea pas à supprimer l'enseignement supérieur. Elle y songea si peu, qu'elle a laissé de lui la plus belle théorie, et la définition la plus complète qu'on en ait jamais données. Ce sont des utopies, sans doute, si l'on songe aux ressources alors disponibles, que les plans de Talleyrand et de Condorcet sur l'instruction publique ; mais ces utopies sont en même temps un idéal, et c'est bien l'idéal de la Révolution, en fait de haut enseignement, idéal conforme à la philosophie du xviiie siècle, d'où elle était sortie, que cet immense Institut enseignant où Talleyrand voulait réunir, au milieu de tout ce que réclame le travail intellectuel, bibliothèques, musées, collections, laboratoires, les sciences, les lettres et les arts. C'est bien encore cet idéal, que ces Lycées, rêvés par Condorcet, où tout ce qui est science et libre recherche, mathématiques, sciences physiques, sciences de la nature vivante, sciences de l'homme moral, sciences des sociétés, langues et littératures, tout, jusqu'aux beaux-arts et aux arts mécaniques, eût eu des professeurs, des chercheurs et des instruments.

A vrai dire, dès le début de la Révolution, il fut émis d'autres idées sur l'organisation du haut enseignement. Au lieu d'écoles encyclo pédiques où toutes les sciences eussent été groupées d'après leurs affinités naturelles, s'aidant les unes les autres et poursuivant en commun la vérité, quelques-uns, songeant moins à la science en elle-même qu'à ses applications, et d'ailleurs soucieux d'économies, avait proposé pour chaque science particulière des écoles spéciales et fermées. Ce furent même leurs idées qui triomphèrent.

Il n'en est pas moins certain que le programme de Condorcet, un instant voté par la Convention, repris par Daunou et Roger Martin sous le Directoire, est bien l'expression de ce que les théoriciens de la Révolution conçurent comme le type de l'enseignement supérieur.

Ce que firent les hommes d'action, au hasard des circonstances, et sous la pression des événements, fut juste le contraire de cet idéal. Les anciens officiers du Jardin du Roi avaient, dès le début de la Constituante, préparé une refonte révolutionnaire de cet établissement. On adopta ce projet et le Jardin du Roi, devint le Muséum, c'est-à-dire l'école spéciale des sciences de la nature. Le Comité de Salut public s'inquiétait de la pénurie des ingénieurs militaires. Il improvisa l'École polytechnique. On criait de toutes parts contre l'incapacité des médecins et les méfaits des charlatans. Fourcroy fit décréter les Écoles de santé. Le succès de ces divers établissements, la ruine successive de la Gironde et de la Montagne, qui l'une après l'autre avaient épousé et soutenu les idées de Condorcet, laissèrent le champ libre aux partisans des écoles spéciales et leur permirent d'enlever à la volée, l'avant-dernier jour de la Convention, une loi de principe qui faisait de ces écoles le mode général de tout le haut enseignement. L'Institut de France, créé en même temps, devait pourvoir à l'avancement des sciences.

Le Consulat continua l'œuvre de la Convention, en créant, suivant l'esprit de la loi qu'il avait reçue d'elle, de nouvelles écoles spéciales pour le droit et pour la pharmacie. Il fit œuvre propre en soumettant toutes les écoles spéciales à une organisation qui devait plus tard entraver nos Facultés et qui les entrave encore.

Pour les philosophes de la Révolution, la science était le but de l'enseignement supérieur. Pour les administrateurs du Consulat, ce but fut la poursuite des grades professionnels. On avait été conduit, par mesure de sécurité sociale, à réglementer des professions, comme la médecine et le barreau, où la liberté n'avait produit que des abus et des maux. En posant des conditions à l'exercice de ces professions, on devait au public des garanties. On les chercha, non dans le savoir en lui-même, mais dans la constatation officielle du savoir. On rétablit donc les anciens degrés, et on en fit des grades d'état, sans souci de savoir si la poursuite des parchemins ne nuirait pas à la recherche de la science et n'abaisserait pas les hautes études en modifiant leur destination.

L'Empire créa l'Université. Mais comme il la créait pour être une fabrique d'esprit public à son usage, il n'eut garde d'y faire une place sérieuse à la science, qui est un foyer d'esprit de liberté. Sans doute il devait y avoir dans l'Université impériale, une et indivisible comme l'Empire, un compartiment spécial pour l'enseignement supérieur, et, dans ce compartiment, jusqu'à cinq ordres de Facultés : théologie, droit, médecine, sciences et lettres. Mais sous ces mots, que de mensonges ; dans ce cadre, que de fantômes !

Au fond, les Facultés nouvelles n'étaient qu'un nouveau nom des anciennes écoles spé-

ciales, et, en leur donnant ce nom, on ne leur
avait pas donné ce qu'il implique d'essentiel, à
savoir une âme commune, de laquelle elles
eussent été les diverses puissances. Entre elles,
pas de liens, pas de rapports, parfois même
pas de contacts. Tantôt dispersées, tantôt juxtaposées au hasard d'une distribution absolument empirique, elles devaient vivre sans
s'aider, sans même toujours se connaître les
unes les autres, appliquées chacune à sa
besogne particulière, faisant ici des licenciés
en droit, là des docteurs en médecine, ailleurs
des bacheliers. Conférer des grades était leur
grosse et même leur unique affaire.

Aux Facultés des sciences et aux Facultés des
lettres, qui sont pourtant les Facultés savantes
par excellence, on n'assignait pas, sauf à Paris
pour les besoins de l'École normale, d'autre
destination et d'autre tâche. On ne leur donnait,
aux sciences, que quatre ou cinq professeurs
pour toutes les provinces des mathématiques,
des sciences physiques et des sciences naturelles ; aux lettres, que trois ou quatre, pour le
domaine immense de la philosophie, de l'histoire, des langues et des littératures, et encore
de ces professeurs la plupart avaient-ils double

emploi, professeurs au lycée, juges à la Faculté. Aussi l'enseignement, quand il exista, ne fut-il qu'un intermède entre les sessions d'examen, et comme il manquait des instruments nécessaires et d'une clientèle assurée, il demeura sans portée et sans fruits.

On comprend la hâte de la Restauration à supprimer ces ombres coûteuses. L'Empire lui laissait vingt-trois Facultés des lettres; elle n'en conserva que six. Un instant, tout à fait au début, elle parut disposée à donner à l'enseignement supérieur une organisation plus conforme à sa destination véritable. Elle en fut vite détournée par le cours que prit sa politique. L'ordonnance de 1814, qui créait des Universités régionales, douées chacune d'une certaine autonomie, resta lettre morte, et l'Université impériale, devenue l'Université royale, continua, malgré une suspicion aiguë et des attaques constantes, de pourvoir à la fonction publique de l'enseignement.

Pendant cette période, il fut peu fait par le pouvoir pour l'enseignement supérieur. L'organisation générale n'en fut pas modifiée; les ressources n'en furent pas sensiblement accrues. On le tolérait; on le subissait, faute de pouvoir le remplacer, et souvent la politique s'y faisait sentir avec brutalité aux hommes et aux institutions.

C'est pourtant à cette époque que notre enseignement supérieur, dépourvu d'institutions qui l'eussent modelé dans une forme adéquate à sa fonction, s'en donna de lui-même une autre où il devait briller d'un rayonnant éclat. A ce moment, soutenu et excité par le libéralisme de l'opinion, l'enseignement de la Sorbonne devint tout à coup, avec Guizot, Cousin et Villemain, une des manifestations les plus retentissantes de l'esprit français. Du coup fut arrêté, pour de longues années, par le succès de ces modèles, l'idéal du professeur français de Faculté.

Des trois ordres d'enseignement, ce n'est pas à l'enseignement supérieur que le Gouvernement de juillet appliqua son principal effort. Il ne fut pourtant pas sans y réaliser de notables améliorations, et même certains de ses hommes d'État y méditèrent des transformations radicales.

Il n'y a que deux types d'enseignement supérieur, les écoles spéciales et les Universités : les unes vouées à la culture d'une science particulière, et n'admettant des autres que ce qui peut servir à celle-là ; les autres ouvertes à toutes les sciences, à toutes les branches des lettres, faisant mieux que les recevoir, les unissant toutes ensemble, dans une harmonie comparable à celles des facultés de l'esprit humain et des lois de la nature.

Les Facultés de l'Empire étaient, malgré leur nom, des écoles spéciales. A ces Facultés éparpillées, isolées les unes des autres, pauvrement dotées, dépourvues presque toutes des premiers instruments du travail intellectuel et de la recherche scientifique, Guizot, dans ses projets de la première heure, rêva de substituer quelques Universités complètes, « grands foyers d'étude et de vie intellectuelle. »

Un peu plus tard, le rapporteur du budget de l'instruction publique, M. Dubois, un universitaire distingué, réclama la même réforme, et Victor Cousin, dans son court passage au ministère, essaya d'en commencer l'exécution.

Mais il en fut de ces projets comme du plan de Condorcet. Ni le public, ni le gouvernement, ni l'Université elle-même n'étaient assez empressés, assez préparés à ces réformes. « Je ne rencontrai point, dit Guizot, de forte opinion publique, qui me pressât d'accomplir dans le haut enseignement quelque œuvre générale et nouvelle... En fait d'instruction supérieure, le public, à cette époque, ne souhaitait et ne craignait à peu près rien ; il n'était préoccupé, à cet égard, d'aucune grande idée, d'aucun impatient désir... Le haut enseignement, tel qu'il était constitué et donné, suffisait aux besoins pratiques de la société, qui le considérait avec un mélange de satisfaction et d'indifférence. »

On se borna donc à améliorer ce qui existait, sans le transformer. On augmenta les traitements. On fit quelques dépenses pour les bâtiments, les laboratoires et les collections. On créa de nouvelles chaires, et, chose plus grave, on créa de nouvelles Facultés. On s'efforça d'animer les Facultés des lettres et les Facultés des sciences, et l'on se disposait à faire des études, surtout dans le droit et la médecine, une refonte générale, lorsque éclata la révolution de 1848. Le budget des Facultés était alors de 2,876,000 francs en chiffres ronds. Le Gouvernement de juillet l'avait augmenté de deux millions environ.

Sous le second Empire, les choses continuèrent d'aller du même train, sans accélération, sans orientation nouvelle. L'opinion avait peu souci du haut enseignement, et elle se contentait des licenciés en droit et des docteurs en médecine qu'il fournissait. Comme sous le Gouvernement de juillet, les besoins pratiques avaient satisfaction, et la science, malgré de grands noms, de grands travaux et souvent d'admirables découvertes, n'excitait que rarement l'intérêt du public et celui du pouvoir. Le budget des Facultés s'accrut, dans cette période, d'environ deux autres millions ; mais, de cette somme, la plus grosse part fut absorbée par la création de nouvelles Facultés inutiles, toutes taillées sur l'étroit patron de celles qui végétaient déjà.

II

LES FACULTÉS
A LA FIN DU SECOND EMPIRE

Misère des bâtiments, insuffisance des crédits, détresse des laboratoires, absence des premiers instruments de travail, torpeur des institutions, et, trop souvent, avec beaucoup de talent, langueur chez les hommes, voilà en quels termes peut se résumer la situation des Facultés à la fin du second Empire.

Bientôt toutes les anciennes installations auront disparu, et l'on n'aura plus, pour témoins de ce qu'elles furent si longtemps, que les documents officiels des statistiques. Mais tous ces documents attestent la misère, souvent la noire misère. A la question: les bâtiments sont-ils appropriés à leur destination? la *Statistique de* 1868 répond presque partout: « Non, non, non! » Et de fait, à part quelques villes moyennes ou petites, Nancy, Rennes, Caen, Clermont, fières de leurs Facultés, qui les ont convenablement installées, les autres se sont peu souciées d'elles et les ont logées, vaille que vaille, où elles ont pu, de cette façon provisoire qui, souvent en France, dure des années et des années encore.

A Lyon, la Faculté des sciences est dans les combles du palais Saint-Pierre. A Bordeaux, dans une annexe de l'hôtel de ville ; le laboratoire de chimie, froid, humide, meurtrier, n'a jour et air que par un vestibule intérieur. A Montpellier, elle est dans une masure étayée de toutes parts. A Toulouse, dans un ancien couvent. Nulle part, même dans les Facultés neuves, les laboratoires ne sont assez spacieux, les salles des collections assez vastes.

Aux Facultés des lettres et de droit, moins gourmandes de place, on n'a même pas donné le strict nécessaire. Presque partout, une Faculté des lettres se compose d'un grand amphithéâtre de cours, flanqué parfois d'une tribune pour les dames, d'une petite salle d'attente de quelques pieds carrés pour le professeur et d'une loge pour l'appariteur. Pas de salles de conférences, pas de salles d'études, pas de bibliothèque.

Dans l'enquête ordonnée par M. Duruy en 1865, de partout montent les mêmes doléances, les mêmes requêtes. Marseille demande « par mesure d'hygiène, l'exhaussement des laboratoires qui manquent d'air ». Dijon signale « ses amphithéâtres étroits, sombres, nus, fort inférieurs, sous tous les rapports, aux classes d'un lycée ». A Lille, « l'un des amphithéâtres, construit en contre-bas du sol, est sombre, humide et on ne pourrait pas y professer convenablement pendant le jour. Le laboratoire de chimie réclame une place pour les objets de collections et un magasin pour les produits. La physique demande une salle distincte où l'on puisse installer des expériences et faire des manipulations. » Et ainsi des autres.

A Paris, la situation n'est pas meilleure. La Faculté des sciences et la Faculté des lettres étouffent, depuis la Restauration, dans la vieille Sorbonne de Richelieu; depuis 1835, on a le projet de les agrandir; projet sans lendemain. Derrière la façade monumentale de Soufflot, la Faculté de droit manque d'espace pour sa bibliothèque et pour ses cours. La Faculté de médecine a des installations honteuses : « Tout Paris, écrit M. Duruy en 1868, dans un rapport à l'Empereur, tout Paris est renouvelé; les bâtiments affectés à l'enseignement supérieur restent seuls dans un état de vétusté qui contraste péniblement avec la grandeur imposante d'édifices consacrés à d'autres services. »

Et, en 1873, un autre ministre, M. Jules Simon, peut encore tenir ce langage à la réunion des Sociétés savantes : « Si nous avions eu le temps, j'aurais tenu à vous faire visiter, après la séance, nos établissements scientifiques de Paris. Je ne parle pas de l'École supérieure de pharmacie ; j'aurais eu quelque inquiétude à vous y conduire, car cette semaine même, nous venons d'être obligés de l'étayer. Je ne parle pas de l'École de médecine, ni surtout de l'École pratique que je ne veux plus montrer à personne... Sans sortir de la Sorbonne, j'aurais pu me borner à vous montrer les laboratoires de la Faculté des sciences... dans des locaux qui servaient autrefois à loger des étudiants ou de petits ménages. Toutes ces pièces étroites, mal éclairées, dont nous avons su tirer parti, l'ancienne chambre à coucher, le petit salon, la cuisine, sont nos salles d'études! Encore ne nous appartiennent-elles pas; c'est la ville de Paris qui nous les prête ; et si demain elle nous donnait congé, notre enseignement s'arrêterait. »

Dans l'enseignement, que de lacunes ! « Vous le savez comme moi, disait encore M. Jules Simon aux Sociétés savantes, dans nos Facultés des lettres, il n'y a qu'une chaire de littérature ancienne ; les études latines et les études grecques sont confiées à un seul professeur. Pour l'histoire, c'est encore pis : le même professeur est chargé d'enseigner toute l'histoire, et, de plus, la géographie, ce qui veut dire que la géographie n'est pas enseignée. C'est à Paris seulement qu'il y a un professeur spécial de géographie. Malgré l'importance que l'étude des littératures étrangères a prise dans notre siècle, nous n'avons qu'une chaire de littératures étrangères par Faculté. »

A Paris même, il n'y avait pas alors de chaires spéciales pour des objets de première importance, pour l'histoire et pour la littérature du moyen âge, pour le sanscrit, pour la grammaire comparée, pour l'archéologie.

Dans les sciences, sauf à Paris, le plus souvent le même homme portait le triple fardeau de la zoologie, de la botanique et de la géologie. Dans le droit, nulle part on n'enseignait le droit constitutionnel, l'histoire du droit, le droit maritime, et il n'y avait qu'une seule chaire d'économie politique, celle de la Faculté de Paris.

Partout les instruments de travail sont insuffisants. Chose à peine croyable : dans aucune Faculté des départements, il n'y a de bibliothèque. On achète bien, de-ci de-là, quelques livres sur l'argent non employé de l'année. Mais qu'est-ce au prix de la production scientifique du monde entier ? Et puis, ces livres, on n'a ni salle pour les ranger, ni bibliothécaire pour les conserver.

Les collections sont pauvres, incomplètes, dépareillées. Les laboratoires manquent d'instruments ; les professeurs n'ont pas d'argent, ou ils en ont si peu, qu'une fois payés le chauffage et l'éclairage, il ne reste à peu près rien pour les expériences des cours et pour les recherches personnelles.

Aussi faut-il entendre les plaintes de l'enquête de 1885 : « Le crédit de 400 francs alloué aux collections ne permet pas de les maintenir au niveau du progrès de la science. » (Faculté des sciences de Bordeaux.) — « La Faculté manque absolument des instruments, des modèles et mêmes des dessins nécessaires aux démonstrations des cours de mécanique et de machines. Les collections font également défaut pour le cours de dessin appliqué aux arts industriels, et jusqu'ici le professeur en a supporté les frais. Le crédit alloué pour l'acquisition et l'entretien des instruments de physique (350 francs) est insuffisant. » (Faculté des sciences de Lille.) — « Les instruments nécessaires aux expériences d'astronomie et de physique sont peu nombreux et insuffisants... Les crédits ouverts pour les frais de cours, l'entretien et l'accroissement des collections sont également insuffisants... Les moyens de démonstration manquent presque complètement. » (Faculté de Paris.)

Toutes ces plaintes sont fondées; les budgets d'alors ne permettent pas d'en douter. Presque partout, les frais de cours et les crédits des collections sont restés ce qu'ils étaient en 1847; en quelques endroits même, ils ont été diminués. Voici quelques chiffres relevés dans les budgets des Facultés pour l'année 1869-1870. Facultés de droit: Paris, bibliothèque, 1,000 fr.; la Faculté est abonnée à vingt recueils périodiques, dont pas un seul étranger. — Caen, abonnements : 600 francs, six périodiques, tous français. — Facultés des sciences : Paris, frais de cours et de laboratoires, 8,930 francs; collections, 1,500; abonnements, 160. — Marseille, cours et laboratoires, 1,800 francs; collections, 750; bibliothèque, néant. — Lyon, cours et laboratoires, 1,800 francs; collections, 950; abonnements et livres, néant. — Montpellier, cours et laboratoires, 1,800 francs; collections, 200; livres, 500.

Que faire avec de si maigres ressources? Que faire souvent sans préparateurs, sans garçons de laboratoires? C'est vraiment merveille qu'outillées et dotées de la sorte, nos Facultés n'aient pas encore été plus languissantes.

Languissantes, elles le sont, et elles ne peuvent pas ne pas l'être. Sauf à Paris, où de tout temps les talents ont été nombreux et la vie intellectuelle intense, l'excitant manque, et rien dans les institutions, rien dans les habitudes n'est de nature à le susciter.

Dans une même ville, nuls rapports entre les Facultés de différents ordres; nulle communauté d'intérêts, nul échange de vues; nulle collaboration, parfois même nul voisinage. On se rencontre une fois l'an, au début de l'année, à la messe du Saint-Esprit ; on se range suivant des préséances jalousement gardées, les robes rouges devant, les robes jaunes derrière, et en voilà pour l'année entière. Dans chaque Faculté, à part les relations personnelles ou mondaines, quand elles existent, les professeurs ne sont pas moins isolés entre eux. Ils ne se rencontrent à la Faculté que les jours d'examen. Hors de là, chacun reste chez soi, travaille solitairement, vient faire son cours à son jour, à son heure, à sa guise, pour son public. Aucune œuvre à poursuivre en commun ; partant, aucun besoin de se coordonner ; aucune excitation réciproque, aucune émulation. C'est le triomphe de l'individualisme.

Des quatre Facultés, seules la médecine et le droit ont des étudiants. Les lettres et les sciences n'en ont pas. Elles les remplacent, quand elles peuvent, par le *grand public*. Souvent les professeurs de sciences le dédaignent ou ne peuvent l'attirer. Ils se renferment alors chez eux ou dans leurs laboratoires, vaquant solitairement à des travaux personnels, qu'ils n'interrompent que pour venir enseigner, à la Faculté, quelques maîtres d'études, la plupart du temps mal préparés. Mais pour le professeur de lettres, le public, c'est le tout de l'enseignement, le but, la récompense. Il faut le conquérir, et une fois conquis, le conserver. Et combien il en coûte, pour cette conquête hebdomadaire, d'efforts, d'esprit, d'art, de talent, parfois de manèges et de diplomatie!

Heureux encore quand cet auditoire exigeant, que mettraient en déroute la science et l'érudition, que seuls réussissent à capter le charme, l'émotion ou le piquant de la parole, qui veut chez le professeur un renouvellement perpétuel, chaque année une matière nouvelle, chaque semaine une leçon montée, ne se compose que de gens instruits et bien élevés! Mais parfois à quelles mésaventures le maître n'est-il pas exposé avec ces auditeurs de passage et de hasard, qu'il ne connaît pas plus qu'ils ne le connaissent, et qui sont sans respect pour la dignité de la science et de l'enseignement.

Jamais je n'oublierai celle qui m'advint, il y a quinze ans, à mes débuts à la Faculté de Bordeaux. Suivant l'usage du lieu, je dus faire mon cours, le soir, à huit heures. L'hiver, tout alla bien; les auditeurs étaient nombreux et semblaient attentifs. Au printemps, ils ne diminuèrent pas trop. Mais avec l'été, presque tous disparurent. Et voici pour quelle cause. Avec l'été reparaissait, dans la rue, la retraite militaire. Elle passait devant la Faculté, une fois la leçon commencée. A peine clairons et tambours résonnaient-ils au loin, que l'auditoire sortait à la file, suivait la musique et ne reparaissait plus. A peine restait-il quelques fidèles. Pour ceux-là, l'année suivante, pour ceux-là seuls, je fis mon cours toujours à huit heures, mais à huit heures du matin.

De cet enseignement, il ne sort pas d'élèves, pas d'apprentis savants. La parole une fois évaporée, il n'en resterait rien, si parfois les leçons ne se condensaient en des livres remarquables, par exemple *la Cité antique*, de M. Fustel de Coulanges, *la Famille*, de M. Paul Janet, à Strasbourg ; *les Moralistes français*, de Prévost-Paradol ; *les Empereurs romains*, de M. Zeller, à Aix ; *les Moralistes sous l'Empire romain*, de M. Martha, à Douai. La plupart du temps, et c'est le meilleur emploi du talent et du travail, le livre à faire est le but secret de l'enseignement, et le but du livre, un titre pour venir à Paris.

A Paris, ce sera sur un plus vaste théâtre, le même public, plus nombreux peut-être, mais encore plus inconnu, plus composite et plus bizarre. Qui n'a vu, dans ce temps, à la Sorbonne, ces auditeurs permanents, ces *constantes*, comme on les appelait, qui passaient avec une suprême indifférence d'un cours de littérature à un cours de théologie, d'un cours de théologie à une leçon de physique, cherchant d'une Faculté à l'autre un lieu couvert et chaud? — Ceux qui restent en province finissent par se désintéresser, s'alanguir et se stériliser.

III

LA RÉFORME : LES PROMOTEURS

Dressé en face de ce tableau, l'état présent des choses mettrait en une large saillie la grandeur de l'œuvre accomplie. Mais il y aurait de l'injustice à chercher ce contraste. Cette œuvre, en effet, n'a pas été le fruit soudain d'une génération spontanée. Avant les ouvriers d'hier, avant ceux d'aujourd'hui, il y a eu les ouvriers de la première heure, de l'heure la plus difficile. Ce qu'ils ont fait doit être dit.

Les vices et les dangers de la situation n'étaient pas sans être vivement sentis de quelques-uns et dans les Facultés et en dehors d'elles. On le vit bien le jour où M. Duruy, faisant succéder l'action à l'inertie, essaya de secouer la torpeur. On prit confiance, et les langues se délièrent.

On dit tout haut la misère de nos Facultés,

l'insuffisance de leurs enseignements, les vices de leur organisation. On chercha des remèdes ; on proposa des réformes. Il se produisit alors un mouvement d'idées où l'on trouverait en germes bon nombre des choses qui se sont faites depuis lors. Si l'on veut s'en rendre compte, il faut lire, entre autres, le rapport de M. Würtz, au retour de sa première mission aux Universités de langue allemande, les *Questions contemporaines* de M. Renan, les articles de M. Gaston Boissier, dans la *Revue des Deux Mondes*, et la première *Statistique de l'enseignement supérieur*.

Il faudrait lire aussi les documents inédits de l'enquête qui précéda la statistique. C'est là qu'on verrait le mieux l'état d'âme des Facultés. Beaucoup de ces documents témoigneraient sans doute d'une quiétude et d'un manque de clairvoyance qui étonnent aujourd'hui. Mais d'autres sont moins optimistes, et signalent avec force les défauts, les lacunes, les besoins.

Nous ne pouvons les résumer ici. Citons du moins, comme échantillon, quelques fragments d'un franc et hardi rapport du recteur de Strasbourg, M. Chéruel.

« L'esprit universitaire, dit-il, s'est éteint partout... Une école est un faisceau de doctrines que relie un esprit commun, unité féconde qui se prête à la variété des recherches et des résultats. La France a-t-elle bien conservé la religion des hautes études ? A-t-on retrouvé chez nous la filiation des doctrines, leurs fécondes alliances, leur homogène épanouissement ?.. Le voyageur qui visite nos centres académiques y admire surtout l'absence de vingt chaires magistrales qui font la renommée des Universités étrangères. Après avoir lu nos programmes, il nous demande ce que nous entendons par *académie*, et nous prie de lui donner une définition qui s'applique également à Strasbourg, à Douai et à Clermont... Le savoir, fractionné comme une monnaie courante, a été répandu par petites sommes, et les écoles restreintes pullulent au détriment des grandes... L'intention qui dota Aix et Douai du droit et des lettres, Marseille et Lille des sciences, a réparti les denrées au gré des consommateurs. »

De ce mouvement d'idées, il sortit une institution et un programme.

L'institution, ce fut l'École pratique des hautes études. Pesez bien chacun de ces mots : école pratique des hautes études ; ils disent l'institution tout entière, son but, son caractère, ses moyens d'action, et la révolution scientifique qui par elle allait s'opérer dans l'enseignement supérieur.

L'École des hautes études, telle que la conçut M. Duruy, devait avoir cinq sections : les mathématiques, les sciences physiques, les sciences naturelles, les sciences économiques, les sciences historiques et philologiques. Ce devait être l'affiliation corporative des maîtres les plus autorisés de la science. On y vit réunis, dès le premier jour, Claude Bernard et Sainte-Claire Deville, Würtz et Berthelot, M. Bertrand et M. Serret, M. Boissier et M. Bréal, M. Gaston Paris et M. Monod.

Elle siégeait partout, au Muséum, au Collège de France, à l'École normale, à la Faculté des sciences, à la Faculté de médecine, à la Bibliothèque de l'Université, au voisinage de la Faculté des lettres, partout où il y avait des savants et des maîtres.

A ces savants, on donnait plus de ressources que par le passé pour leurs travaux personnels. A ces maîtres, on assurait des élèves, de vrais élèves, non pas des auditeurs de passage, mais des apprentis, des compagnons. Aucun programme ne leur était imposé. On leur demandait simplement d'être des chefs d'atelier, et de former de bons ouvriers de la science.

Qu'on le remarque ; ce n'était pas, malgré quelques éléments fournis par elles, une transformation intime des Facultés. C'était, à côté d'elles, la constitution d'un organisme nouveau, pour une fonction dont elles n'avaient encore que vaguement conscience, et qu'elles étaient alors incapables de réaliser. Mais peu à peu, de cet organisme, au contact duquel elles allaient vivre désormais, l'esprit scientifique allait s'infiltrer en elles par une exosmose continue. La bonne et fraîche semence déposée dans le sol il y a vingt ans a fructifié, et la moisson nouvelle pousse aujourd'hui partout dans les champs d'alentour.

L'École des hautes études n'était que le point central d'un plus vaste programme : pour la science, dotation moins pauvre des laboratoires, création de bibliothèques, publications scientifiques, recueils périodiques, missions et expéditions scientifiques, voyages de circumnavigation ; pour l'enseignement, transformation des mœurs scolaires, réduction des leçons publiques, institution de conférences intimes, création de bourses d'enseignement supérieur, multiplication des enseignements par des cours libres faits par les agrégés.

De ce programme, il ne fut ébauché que quelques fragments. Le ministre et ses collaborateurs, au premier rang desquels il faut placer M. du Mesnil, avaient la foi et la bonne volonté ; mais les crédits leur étaient parcimonieusement mesurés. A grand'peine avaient-ils obtenu les 300,000 francs de l'École des hautes études. Pour le reste, il eût fallu des millions. D'ailleurs, il faut le dire aussi, les Facultés en général manquaient d'élan, et l'opinion publique restait indifférente.

Elle avait cependant reçu une assez vive secousse lorsque, derrière de violentes accusations de matérialisme et d'impiété contre les Facultés, avait surgi tout à coup la revendication, depuis longtemps assoupie, de la liberté de l'enseignement supérieur. Pouvait-on vraiment ouvrir le champ, sans avoir auparavant mieux armé, pour la concurrence, les Facultés de l'État ?

Ce ne fut pas le sentiment de la commission chargée, en 1870, de préparer, sous la présidence de Guizot, un projet de loi sur la liberté de l'enseignement supérieur. A ce projet, elle joignit, comme corollaire ou comme préface, un programme de réformes dans les Facultés de l'État, programme duquel tous, les demandeurs et les autres, étaient tombés d'accord. En voici les principaux articles :

« Que pour leur régime intérieur, spécialement pour la présentation aux chaires vacantes dans leur sein, pour l'emploi des agrégés, pour l'autorisation des cours qui pourront être donnés dans les locaux affectés à leur service, pour les diverses relations et les divers modes d'enseignement qui peuvent s'établir entre les professeurs et les élèves, les Facultés instituées par l'État soient investies d'une large part d'autonomie et de liberté ; — qu'il soit pourvu, dans le budget de l'État, aux moyens personnels et matériels d'étude et de progrès dont le besoin se fait si vivement sentir dans l'enseignement supérieur, tels que l'augmentation du nombre des chaires et des professeurs titulaires ou agrégés, la formation et l'entretien des bibliothèques, des laboratoires et des divers instruments de travail intellectuel ; — que dans quelques-unes des principales villes de l'État, et avec leur concours, il soit organisé un enseignement supérieur complet, c'est-à-dire réunissant toutes les Facultés avec leurs dépendances nécessaires, de telle sorte que, sans détruire l'unité de la grande Université nationale, ces établissements deviennent, chacun pour leur compte, de puissants foyers d'études, de science et de progrès intellectuel. »

La guerre, qui vint ajourner ces réformes, en fit sentir bien plus vivement encore l'urgence et la nécessité. Déjà, en 1867, M. Renan avait écrit : « C'est l'Université qui fait l'école. On a dit que ce qui a vaincu à Sadowa, c'est l'instituteur primaire. Non, ce qui a vaincu à Sadowa, c'est la science germanique. » Après Sedan, M. Renan ne fut plus seul à penser de la sorte. On s'enquit de toutes parts, avec une curiosité passionnée, des Universités allemandes, et l'on acquit la conviction que par elles s'était fait l'esprit allemand, et par cet esprit la patrie allemande.

Dès lors, la réforme de nos Facultés ne fut plus seulement affaire de science ; elle devint question de patriotisme. On comprit que par elle se formerait une des pièces maîtresses de notre nouveau système de défense. Aussi de quel cœur, à partir de ce moment, la réforme est-elle prêchée! C'est M. Bréal publiant, sous un titre modeste, un livre tout plein d'idées et de directions nouvelles sur notre enseignement public [1] ; c'est Paul Bert, tout à la science et à la patrie, esquissant de son laboratoire de la Sorbonne un projet de loi sur l'enseignement supérieur ; c'est un groupe d'hommes, toujours ardents au progrès, entre autres MM. Berthelot, Renan, Boissier, Boutmy, Bréal, Liouville, Hérold, Gaston Paris, se réunissant au Collège de France pour préparer un plan général de réformation ; c'est l'un d'eux, M. Gabriel Monod, écrivant sur la *Possibilité d'une réforme de l'enseignement supérieur* des pages vraiment prophétiques ; c'est au moment même où s'achève la libération du territoire, M. Jules Simon étalant, à la Sorbonne, devant les Sociétés savantes, les misères persistantes de notre enseignement, avec le ferme propos d'y porter promptement remède ; c'est enfin une foule d'anonymes qui partout s'animent d'un esprit nouveau, et s'entraînent pour l'œuvre à laquelle ils devront concourir.

Ce fut la dernière période de l'incubation. L'éclosion tarda quelque temps encore. Pour

---

1. *Quelques mots sur l'instruction publique en France*, 1872.

faire œuvre sérieuse, il fallait des millions, et ceux qu'on avait allaient au plus pressé, à la rançon de guerre, à la libération du territoire, à la réfection du matériel militaire.

En 1871, le budget des Facultés était de 4,300,000 francs. En 1873, il n'était encore que de 4,444,921. Le gouvernement y avait demandé, pour 1874, une augmentation de 1,100,000 francs. Il n'en fut accordé que 400,000. C'est seulement à partir de 1877 que la marche en avant s'accélère. Le budget des Facultés avait été de 5,124,581 francs en 1875. Il passa tout à coup à 7,799,180, en 1877.

Dans l'intervalle, la loi de 1875, proclamant la liberté de l'enseignement supérieur, avait enjoint au gouvernement de présenter, dans le délai d'un an, un projet de loi « ayant pour objet d'introduire dans l'enseignement supérieur de l'État les améliorations reconnues nécessaires. »

La lettre de cette prescription fut lettre morte. M. Waddington prépara bien le projet de loi; mais il ne le soumit pas aux Chambres. Il parut hasardeux de procéder par reconstruction totale. Les idées qui avaient cours sur les points essentiels de la réforme formaient bien une sorte de protoplasma où flottaient des germes, mais des germes encore épars et dans l'ensemble desquels le futur édifice ne se laissait pas voir encore avec assez de netteté.

On se dit aussi que la loi ne crée pas les mœurs, mais qu'elle doit les suivre. Or si l'on était d'accord pour souhaiter dans les Facultés des mœurs nouvelles, on l'était également pour reconnaître que ces mœurs commençantes n'étaient encore ni assez générales, ni assez fermes, pour mériter la consécration de la loi. A une révolution subite, brusquant toutes choses, on préféra une évolution graduelle, les engendrant l'une après l'autre, les asseyant l'une sur l'autre, et permettant au besoin de les reprendre et de les corriger. On ne se traça pas un plan définitif et immuable. Mais on se réserva de développer l'œuvre d'après la loi d'évolution qui ne pouvait manquer, si vraiment c'était œuvre vivante, de se dégager d'elle, et l'on attaqua l'entreprise sur plusieurs points à la fois, du dehors et du dedans tout ensemble.

IV

LES BATIMENTS

Commençons par le dehors, c'est-à-dire par les bâtiments. Nous avons dit leur état presque partout lamentable. Qu'il fallût les refaire, c'était chose entendue, depuis longtemps, depuis le Gouvernement de juillet. Pendant toute la durée de l'Empire, on avait élaboré des plans[1]. Un instant même, on avait fait mine de vouloir les exécuter, en posant la première pierre, la première pierre seulement, de la nouvelle Sorbonne. Mais la campagne ne fut sérieusement entreprise que de nos jours, par le Gouvernement de la République. Elle commença, en 1876, avec la reconstruction des Facultés de Grenoble. Elle a été poursuivie, sans un jour de relâche, par tous les ministres de l'Ins-

1. Voir dans l'ouvrage de M. Gréard intitulé *Éducation et Instruction*, le volume consacré à l'enseignement supérieur.

truction publique. Elle s'achèvera demain par la construction des nouvelles Facultés de Lille.

Voici, en un sommaire, les résultats de la campagne.

Paris : construction de la nouvelle Sorbonne, Facultés des sciences et des lettres; reconstruction de l'École de pharmacie; agrandissement de la Faculté de droit; agrandissement de la Faculté de médecine; reconstruction de l'École pratique.

Besançon : création d'un Observatoire :

Bordeaux : construction d'une Faculté de droit, d'une Faculté de médecine, d'un Observatoire, d'une Faculté des sciences et d'une Faculté des lettres.

Caen : agrandissement des Facultés.

Clermont : création de laboratoires pour la Faculté des sciences.

Dijon : agrandissement des anciens locaux.

Grenoble : construction de locaux neufs pour les trois Facultés de droit, des sciences et des lettres.

Lille : création d'une Faculté de médecine, d'une Faculté de droit et d'une Faculté des lettres; construction d'instituts pour la Faculté des sciences.

Lyon : construction d'une Faculté de médecine, d'une Faculté des sciences, d'une Faculté de droit et d'une Faculté des lettres ; création d'un Observatoire.

Montpellier : agrandissement de la Faculté de médecine, création d'une Faculté de droit, construction d'instituts de botanique, de chimie, de physique et des sciences biologiques.

Rennes : construction d'une Faculté des sciences.

Toulouse : agrandissement de la Faculté de droit, reconstruction de la Faculté des sciences et de la Faculté des lettres, constructions pour la médecine.

Alger : création d'Écoles supérieures pour le droit, la médecine, les sciences et les lettres, et d'un Observatoire.

Après le sommaire, le bilan de l'entreprise.

Les dépenses soldées ou engagées s'élèvent à 99,073,387 francs, y compris 3,200,000 francs pour la construction des Écoles d'Alger, lesquels proviennent de la vente de biens domaniaux en Algérie. Sur ce total, les villes ont fourni 51,318,625 francs, les départements 665,000, et l'État 47,089,762.

On le voit, et il faut le faire remarquer à

l'honneur des villes, leur contribution dépasse sensiblement celle de l'État. A l'origine, dans la première période de la campagne, elle la dépassait bien plus encore. Ainsi Bordeaux a dépensé pour ses Facultés environ 3 millions, et a reçu moins de 1 million de subvention. Lyon en aura dépensé bien plus de 7, et n'aura reçu que 2 millions. C'est seulement depuis la loi de 1885, loi présentée par M. Fallières, votée sous l'impulsion de M. Berthelot, et qui a mis à la disposition de l'État les ressources nécessaires pour l'achèvement des établissements d'enseignement supérieur, que les dépenses sont partagées également entre l'État et les villes. Ainsi, sans le concours des villes, l'entreprise n'eût pu se faire ou elle eût indéfiniment duré. Heureusement que, dès le début, les villes, grandes et petites, Paris en tête, ont compris qu'elles avaient des devoirs envers la science. On vient de voir les sacrifices consentis par Lyon et Bordeaux. Ceux de Paris s'élèvent, à cette heure, à plus de 27 millions. D'autres chiffres, plus petits, sont plus édifiants encore : Grenoble a donné pour ses Facultés 720,000 francs, Caen près de 900,000.

Ainsi, au total, près de 100 millions. La

somme est forte, et l'on ne reprochera pas à la République d'avoir, dans ce domaine, trop peu bâti. Avant elle, on avait bâti si peu ! Mais il ne serait pas impossible que plus tard on trouvât qu'elle a trop bien bâti.

Certes, il est bon que la science ait façade et pignon sur rue. Il y va de sa dignité et de son crédit sur l'opinion. A cet égard, nos nouvelles Facultés sont parfaites. La nouvelle Sorbonne est un des plus beaux monuments de Paris, et elle n'aura de rivale qu'à Vienne et à Strasbourg. Les Facultés de Lyon sont admirables; celles de Bordeaux vont de pair avec les plus beaux monuments modernes de cette élégante cité.

Pourtant, quand je vois, en plein Paris, dans un quartier des plus denses, les masses puissantes de l'École de médecine et la longue enfilade de la Sorbonne, je ne puis me défendre d'une inquiétude et d'un regret.

Je me demande si ces grands monuments inextensibles, faits pour durer des siècles et des siècles, répondront toujours aux exigences de la science. Qui sait ce que deviendront un jour son outillage et ses engins, et si, au lieu de ces palais durables, mieux n'eussent pas valu de simples ateliers légèrement construits, partant faciles à remplacer, le jour où la science y aurait avantage ? Et alors je me prends à regretter que, laissant la Faculté des lettres à la Sorbonne on ne se soit pas avisé, quand il en était temps, d'élever sur de vastes espaces, à la Halle aux vins, par exemple, au flanc du Muséum, une trentaine de pavillons et d'instituts distincts pour le service de la Faculté de médecine et de la Faculté des sciences.

En Allemagne, une Université n'est pas un monument ; c'est tout un quartier, parfois même une cité entière, la cité ouvrière de la science, où tous les services sont à la fois chacun chez soi et groupés tous ensemble, comme les pièces organiques d'un même appareil. Tout autre a été presque partout le type de nos Facultés nouvelles. A l'ordre dispersé, nous avons préféré la concentration derrière la même façade, sous le même toit, de services dissemblables peu faits pour cohabiter ensemble. C'est un peu la faute de nos professeurs qui, dans les débuts, n'étaient pas assez au courant des installations de l'étranger, et qui, jugeant de ce qu'on leur offrait par ce qu'ils avaient, se montraient facilement satisfaits. Mais c'est aussi celle des architectes, qui plus d'une fois, dans une Faculté à construire, ont vu moins des services à pourvoir d'organes appropriés qu'un monument à édifier.

Soyons justes cependant, et n'exagérons rien. Ils nous ont donné presque partout de beaux monuments et plus d'une fois ils ont su concilier les exigences de la science et celles de l'art. Ainsi dans la nouvelle Sorbonne, la Faculté des sciences, bien que formant un tout et faisant corps avec la Faculté des lettres, aura pour chaque ordre de science des installations complètes et indépendantes. Il en est de même à la Faculté de médecine de Lyon. Le monument est un et multiple tout ensemble ; chaque groupe de sciences, les sciences physico-chimiques, les sciences anatomiques, les sciences biologiques, y occupe des édifices distincts. De même aussi, quoique à un moindre degré, à la Faculté de médecine de Bordeaux.

Dans ces derniers temps, on a fait, et avec succès, quelques essais d'un autre type. On vient d'inaugurer à Nancy un institut de chimie, et on y projette un institut d'anatomie qui, dans leur simplicité, seront des modèles du genre. A Montpellier, on a installé, au cours de l'année dernière, sans trop grosses dépenses, un institut de botanique, un institut de chimie, un institut de physique et un institut de zoologie, où sont réunis et solidarisés les enseignements similaires des divers établissements. C'est enfin le type adopté pour les nouvelles Facultés de Lille. Là, pour la première fois en France, nous aurons la cité universitaire : au centre, la bibliothèque ; sur ses flancs, les laboratoires de la Faculté de médecine, la Faculté des lettres, la Faculté de droit, la galerie d'archéologie classique ; en arrière, l'institut de physique ; en avant, celui des sciences naturelles ; plus loin, celui de la chimie.

V

LES BUDGETS
LES CADRES — L'OUTILLAGE

Après les bâtiments, venons au budget des Facultés.

Longtemps il fut insuffisant et vraiment indigne d'un pays comme la France. En 1835, lorsque le budget de l'Université cessa de former un compte à part et fut incorporé au budget général de l'État, la part des Facultés y était seulement de 2,004,623 francs. Le Gouvernement de juillet la laissa à 2,876,018. Le second Empire la prit à 2,836,471 ; il l'éleva à 3,633,308, après la loi de 1854, qui créait un assez grand nombre de Facultés ; pendant une dizaine d'années, il n'y fit pas de changements appréciables ; de 1867 à 1870, il la porta de 3,828,821 francs à 4,215,521.

Après 1870, malgré les charges inouïes qui

venaient de s'abattre sur le Trésor, on ne toucha pas à la dotation des Facultés; on y ajouta même un peu chaque année. En 1874 et en 1875, l'augmentation fut plus sensible. Mais c'est seulement au budget de 1877, M. Waddington étant ministre de l'Instruction publique, après le vote de la loi sur la liberté de l'enseignement supérieur, que la République se montra résolue à donner enfin aux Facultés des ressources en rapport avec leurs besoins, leurs fonctions et leurs services. A partir de ce moment jusqu'en 1885, le budget des Facultés fait chaque année un véritable bond.

Il monte, en 1877, de 5,143,880 francs à 7,799,180. En 1878 et en 1879, sous le ministère de M. Bardoux, il s'élève à 8,625,330 francs. Enfin de 1880 à 1884, sous les ministères successifs de M. Jules Ferry, il atteint 11,652,355 francs. Il a été, en 1889, de 11,391,495, le triple environ de ce qu'il était en 1870.

C'est là le chiffre des crédits que l'État alloue aux Facultés. En réalité, elles sont loin de lui coûter autant. En effet, en même temps qu'elles dépensent, elles produisent. Leurs étudiants et les candidats qui viennent chercher leurs grades, paient diverses redevances, droits d'inscription, droits de bibliothèque, droits de travaux pratiques, droits d'examen et de diplôme, et tous ces produits vont au Trésor, comme les impôts. Donc pour évaluer ce que les Facultés coûtent réellement à l'État, de ce qui leur est alloué, il faut déduire ce qu'elles rapportent.

Il fut un temps où la balance s'établissait au profit du Trésor. Les recettes des Facultés étaient supérieures à leurs dépenses, et loin de leur donner du sien, l'État tirait d'elles un profit. Je me hâte de le dire, pour l'honneur de mon pays, voilà longtemps déjà qu'il n'en est plus ainsi. Depuis 1838, le compte des Facultés s'est soldé chaque année par un excédent de dépenses, et naturellement cet excédent s'est accru à mesure que s'élevaient les crédits. Voici la balance du dernier exercice clos et réglé : crédits alloués, 11,445,445 francs ; recettes effectuées, 4,929,160 ; excédent de dépenses, 6,516,285 francs.

Six millions et demi, en chiffres ronds, telle est au juste la contribution réelle de l'État aux dépenses des Facultés. Comparé à ce que coûtent au Trésor l'enseignement primaire et l'enseignement secondaire, le premier une centaine de millions et le second dix-huit, ce chiffre n'a rien d'excessif. Comparé à ce que coûte ailleurs l'enseignement supérieur, il paraîtra plutôt insuffisant.

Ce n'est pas en Angleterre qu'il faut chercher un terme de comparaison, les Universités anglaises vivent de leurs propres biens. On ne saurait non plus mettre en regard de nos Facultés les vingt et une Universités de l'Empire allemand prises en bloc. Elles sont loin d'avoir en Saxe, en Bavière et en Prusse le même régime financier. Mais on peut, sans l'affaiblir, réduire la comparaison aux Universités prussiennes.

Celles-ci sont au nombre de dix. Leur budget total, 11,882,229 francs pour l'exercice 1888-89, est à peu près égal à celui des Facultés françaises. Sur cette somme, 3,408,641 francs viennent de fonds qui sont leurs, intérêts de capitaux, revenus de biens-fonds, immatriculations, cotisations et fondations. Le reste, c'est-à-dire de beaucoup la plus grosse part, 8,473,588 francs, est fourni par l'État, sans compter des crédits extraordinaires qui, dans ces derniers temps, ont été chaque année d'un ou de deux millions.

A elles dix, elles reçoivent donc de l'État, au

budget ordinaire, environ deux millions de plus que toutes les Facultés de France. Il est vrai que chez nous les Facultés ne sont pas, comme en Prusse les Universités, les seuls organes de la science et du haut enseignement, et qu'en dehors d'elles, d'autres établissements, le Collège de France, le Muséum, l'École normale, l'École des chartes et l'École des langues orientales vivantes, émargent au budget pour plus de deux millions.

Après les chiffres d'ensemble, il faudrait les chiffres de détail. Après le total des augmentations, il en faudrait la décomposition et les applications, année par année. On suivrait ainsi pas à pas la marche de l'entreprise, ses progrès, sa direction. Mais ce serait une tâche trop longue et trop complexe; d'ailleurs, quelques groupements de chiffres en diront tout autant que de longues colonnes et de vastes tableaux.

Pendant la période que nous considérons, le budget des Facultés s'est accru de 7,175,794 francs. De cette somme, un million et demi s'applique à des Facultés nouvelles.

On a vu plus haut combien, sous l'Empire,

étaient inégaux les divers groupes universitaires. Deux seulement, Paris et Strasbourg, avaient les quatre Facultés. Montpellier, la vieille cité étudiante, la cité de Placentin, n'avait pas la Faculté de droit. Bordeaux et Lyon n'avaient que les sciences et les lettres. Lille n'avait que les sciences.

Aujourd'hui, Bordeaux, Lille, Lyon, Montpellier et Nancy ont, comme Paris, les quatre Facultés. On a transporté à Nancy, après la perte de l'Alsace, la Faculté de médecine de Strasbourg avec l'École de pharmacie dont elle était flanquée. On a créé des Facultés de droit à Bordeaux, à Lyon et à Montpellier, des Facultés de médecine et de pharmacie à Bordeaux, à Lyon et à Lille. Tout récemment le groupe de Lille s'est complété, en attirant à lui les Facultés des lettres et de droit de Douai. C'est donc, avec les quatre Écoles d'enseignement supérieur d'Alger, onze créations nouvelles. Elles n'ont pas toutes immédiatement pesé sur le budget; les villes qui les réclamaient depuis longtemps, Bordeaux, Lyon, Montpellier, Lille, en ont pris d'abord les frais à leur charge, mais pour douze ans seulement. Ce délai expiré, la charge passe à l'État.

L'insuffisance des traitements préoccupait à bon droit les pouvoirs publics. Un million a servi à les améliorer. C'était de toute justice, j'ajoute de toute nécessité, si l'on voulait attirer dans l'enseignement supérieur et y retenir des valeurs que partout ailleurs on eût payées plus cher. Pour ne parler que des professeurs titulaires, il fut un temps, peu éloigné encore, où leur traitement, fait de deux parts : l'une fixe, garantie par l'État ; l'autre mobile, attachée aux examens, pouvait être inférieur à celui d'un professeur de lycée.

En outre, il n'y avait, pour l'avancement, ni cadres permanents, ni règles déterminées. M. Wallon supprima l'éventuel en 1876 et le consolida. Un peu plus tard, M. Jules Ferry obtint des Chambres les crédits nécessaires pour un classement régulier. Aujourd'hui, les traitements de nos professeurs de Faculté, sans égaler ceux de leurs confrères d'Allemagne et surtout d'Angleterre, n'offrent plus comme naguère d'inégalité choquante avec ceux des autres fonctions publiques. Ils sont, à Paris, de 12 à 15,000 francs; dans les départements, de 6, de 8, de 10 et de 11,000.

Plus grande encore était l'insuffisance des cadres de l'enseignement.

Il y avait en tout, à la fin de l'Empire, 406 chaires et 60 cours complémentaires dans les Facultés. Sauf à Paris, une Faculté des lettres se composait, en général de cinq professeurs, une Faculté des sciences de cinq ou six, rarement de sept.

En 1890, le nombre des chaires est de 598. Si de ce nombre on défalque les 29 chaires des Facultés de théologie catholique, supprimées en 1885, c'est 221 chaires nouvelles. Sur ce nombre, 133 appartiennent aux établissements de création récente mentionnés plus haut. C'est donc, au total, 67 chaires nouvelles dans les anciennes Facultés. Inutile de les énumérer toutes. Il suffira d'une vingtaine d'échantillons pour montrer quelles lacunes elles ont comblées.

Paris : Faculté de droit, quatre chaires nouvelles, droit administratif (doctorat), droit constitutionnel, pandectes, science financière ; — médecine : maladies des enfants, clinique ophtalmologique, maladies syphilitiques et cutanées, maladies du système nerveux, maladies mentales ; — sciences : chimie organique, physiologie chimique ; — lettres : littératures du nord de l'Europe, histoire de la philosophie, histoire du moyen âge, histoire contemporaine, archéologie, langue et littérature françaises du moyen âge, sanscrit et grammaire comparée, science de l'éducation. — Bordeaux, Faculté de droit : économie politique, droit maritime ; Faculté des lettres : littérature et antiquités grecques, géographie, archéologie.

Mais, pour répondre à l'ampleur des besoins, pour relever nos Facultés de leur honteuse infériorité, c'eût été trop peu de ces 67 chaires. Aussi, en même temps, généralisa-t-on l'institution, à peine ébauchée, des cours complémentaires, et créa-t-on celle des conférences.

Cours complémentaires, le mot est clair et dit bien ce qu'il veut dire, ce sont des cours destinés à l'enseignement de matières qui ne sont pas enseignées par les titulaires des chaires. Ainsi, dans une Faculté des lettres où il n'y a qu'une chaire de philosophie, un cours d'histoire de la philosophie en sera le complément. Les conférences devaient être autre chose. Ce ne fut pas seulement pour enrichir l'enseignement des Facultés qu'on les institua, mais surtout pour en changer le caractère. Le mot venait de l'École normale. Là jamais l'enseignement n'a été le monologue du professeur en face d'auditeurs passifs ; c'est le *colloquium* actif du maître et des élèves : le maître apportant sa méthode et sa science ; les élèves, leurs ébauches de plume et leurs essais de parole, quelque chose, en un mot, comme les *séminaires* savants des Universités allemandes. C'est ce mode d'enseignement intime, actif, vivant, qu'on voulut, tansporter dans les Facultés. On y créa donc des conférences, et on les créa non pour le grand public, mais pour les vrais élèves qu'on s'efforçait alors de susciter.

La plupart des enseignements nouveaux institués depuis 1877 l'ont été sous la forme de cours complémentaires ou de maîtrises de conférences.

Il y avait, en 1870, une soixantaine de ces cours complémentaires ; en 1878, le nombre s'en était élevé à 105 ; il a été, en 1889, de 228, ainsi répartis : 2 dans les Facultés de théologie protestante, 102 dans les Facultés de droit, 27 dans les Facultés de médecine, 13 dans les Écoles de pharmacie, 29 dans les Facultés des sciences, et 55 dans celles des lettres.

Le premier crédit pour maîtrises de conférences date de 1877. Il en fut alors créé 47 ; elles sont aujourd'hui au nombre de 129 : 3 dans les Facultés de théologie protestante, 53 dans les Facultés des sciences, 73 dans les Facultés des lettres. — 67 chaires, 168 cours complémentaires, 129 conférences ; c'est donc, au total, 364 enseignements nouveaux [1].

Si saisissants que soient ces chiffres, le parallèle d'une Faculté avec elle-même, à quinze ans de distance, le sera davantage encore.

Prenons pour exemple les Facultés de Lyon.

En 1874, la Faculté des sciences avait, en tout, 7 chaires : mathématiques pures, mathématiques appliquées, physique, chimie, géologie, zoologie et botanique. En 1890, elle en a 10, celles de 1874, et en plus la chimie appliquée à l'industrie, la physiologie générale et l'astronomie. Elle a en outre 3 cours complémentaires : chimie, botanique et astronomie, et 5 conférences : chimie industrielle, zoologie, mathématiques, physique et minéralogie, soit 18 enseignements au lieu de 7. La Faculté

---

[1]. Dans tout ce décompte n'entrent pas les enseignements des *Écoles préparatoires et des Écoles de plein exercice de médecine et de pharmacie*, lesquels sont payés par les villes.

des lettres n'avait que 5 chaires en 1874 : la philosophie, l'histoire, la littérature ancienne, la littérature française, les littératures étrangères. En 1890, elle a, en outre, 6 chaires nouvelles : la géographie, les antiquités grecques et latines, la langue et la littérature grecques, l'histoire et les antiquités du moyen âge, la littérature du moyen âge, le sanscrit et la grammaire comparée ; 5 cours complémentaires : philosophie, latin, français, allemand, langue sémitique ; 7 maîtrises de conférences : philosophie, science de l'éducation, histoire moderne, grec, anglais, grammaire, égyptologie, soit 23 enseignements au lieu de 5.

A tous ces maîtres, anciens et nouveaux, on a donné, année par année, les auxiliaires indispensables à l'enseignement et aux recherches. J'ouvre la *Statistique de* 1888 à l'article Faculté de médecine de Paris. Je trouve, en 1877-1878, 2 chefs des travaux pratiques, 3 directeurs et 6 chefs de laboratoire, 5 chefs de clinique, 3 prosecteurs, 5 aides d'anatomie, 12 préparateurs. En face, je relève, pour l'année 1887-1888, 7 chefs des travaux pratiques, 8 prosecteurs, 14 aides d'anatomie, 31 préparateurs, 14 chefs de clinique, 14 chefs adjoints, 25 chefs de laboratoire. Partout ailleurs, c'est à l'avenant.

A tous, maîtres et étudiants, l'accroissement des budgets a permis de donner des instruments de travail. En premier lieu, des bibliothèques. Il n'y en avait pas avant 1879, ou, pour être tout à fait exact, il n'y en avait qu'à Paris et à la Faculté de médecine de Montpellier. Maintenant, il y en a partout, et toutes sont ouvertes aux professeurs et aux étudiants; toutes sont au courant des principales publications savantes de la France et de l'étranger. Trois chiffres diront la rapidité de leur croissance et l'importance de leurs services. Au dernier recensement, celui de 1888, elles comprenaient 884,261 volumes. Elles avaient, la même année, prêté 512,252 volumes et reçu 122,786 lecteurs.

Aussi rapide, aussi profonde a été la métamorphose des laboratoires.

Tout était à renouveler ou à créer. En moins de dix ans, tout a été renouvelé ou créé. Il n'est pas une Faculté des sciences, pas une Faculté de médecine qui n'ait aujourd'hui son outillage complet d'enseignement et de recherches. Partout l'enseignement de celles des sciences qui relèvent de l'expérience se fait par l'expérience; partout fonctionnent des travaux pratiques pour les élèves; partout la recherche expérimentale est à côté de l'enseignement théorique. Il n'est pas jusqu'aux Facultés des lettres qui ne commencent à avoir, elles aussi, leurs collections de fac-similés, d'estampages, de photographies et de moulages.

Feuilletons les budgets des Facultés. Au lieu des sommes dérisoires d'avant 1870, nous y trouvons d'amples crédits pour les bibliothèques, pour les collections, pour les dépenses des laboratoires, pour les travaux pratiques des étudiants. En voici quelques exemples empruntés aux budgets de 1888? A Paris, le crédit du matériel des bibliothèques universitaires a été de 72,330 francs, celui des collections, de 47,500 à la médecine, de 29,000 aux sciences, de 21,800 à la pharmacie, de 4,850 aux lettres; celui des frais de cours, de laboratoires et de travaux pratiques, de 461,830 francs à la Faculté de médecine, de 88,600 à la Faculté des sciences, de 80,950 à l'École de pharmacie.

Dans les départements, à Nancy, par exemple, les crédits similaires ont été, la même année, de 23,235 francs pour la bibliothèque, de 16,000 pour les collections de la médecine, de 14,850 pour celles des sciences, de 28,640 pour les laboratoires, cours et travaux pratiques de la Faculté de médecine, de 21,000 pour les dépenses analogues de la Faculté des sciences.

Au total, il est inscrit au budget législatif de 1890 un crédit de 2,262,000 francs pour les frais matériels des Facultés de tout ordre, soit 1,384,000 francs de plus qu'en 1875.

N'ayons garde, parmi ces créations, d'oublier celle des bourses de Faculté. Il n'en est pas qui fasse plus d'honneur à la République; il n'en est pas, comme on le verra plus loin, qui ait eu, pour la réforme de l'enseignement supérieur, plus d'effets et d'effets plus heureux.

L'idée de ces bourses remonte aux Assemblées de la Révolution. Elles voulaient avoir, à tous les degrés de l'enseignement, des *élèves de la patrie*. Il leur semblait que les libéralités de l'État, pour produire tous leurs fruits, et pour n'en pas produire de mauvais, ne devaient pas s'arrêter à mi-chemin. L'Empire fut d'un autre sentiment. Il institua des *élèves du gouvernement*; mais il n'en mit que dans les lycées. C'est seulement de nos jours qu'apparaissent au budget les bourses d'enseignement supérieur, d'abord 300 bourses de licence, en 1877, sous M. Waddington, puis 200 bourses d'agrégation, en 1881, sous M. Jules Ferry. Elles sont inscrites au budget de 1890 pour 650,000 francs.

VI

RÉSULTATS STATISTIQUES

En face des déboursés, il convient d'inscrire les gains réalisés.

De ces gains, les uns sont d'ordre scientifique, d'ordre purement moral, et ne s'évaluent pas numériquement. Leur place n'est pas ici ; nous les retrouverons ailleurs. Bornons-nous, en ce moment, à ceux qui s'expriment en chiffres, c'est-à-dire au nombre des étudiants, au nombre des diplômes.

Nous n'avions en 1869 que 9,522 étudiants. Nous en avons eu 17,630 en 1888. C'est donc, en vingt ans, un gain d'un peu plus de 8,000 unités.

Ce gain n'a pas été obtenu tout d'un coup, ni par un progrès uniforme. Les statistiques nous le montrent commençant à se dessiner en 1872 ; puis à partir de 1878, au moment même où de toutes parts s'accomplissent les réformes, s'accentuant et s'accélérant. Il y avait eu 10,972 étudiants en 1878 ; nous en trouvons 12,000 en 1881, puis 13,000 en 1883, puis 15,000 en 1884, plus de 16,000 en 1885, et enfin 17,630 en 1888.

La progression n'a pas été la même dans tous les ordres de Facultés. La population des Facultés de droit était de 3,969 étudiants, en 1844. En 1869, elle s'était élevée à 5,220. Elle n'a pas dépassé ce chiffre ; elle est même tombée légèrement au-dessous. Elle n'a été, en 1888, que de 5,152. Dans les Écoles de médecine, au contraire, pendant la même période, le gain a été considérable. De 4,000, leur clientèle a monté, principalement à dater de 1880, à plus de 6,000 étudiants. Progression analogue dans les Écoles de pharmacie. Mais c'est surtout dans les Facultés des sciences et dans les Facultés des lettres que la crue s'est fait sentir. Naguère encore, il n'y avait pas d'étudiants proprement dits dans ces Facultés. On n'inscrivait, on ne comptait comme tels dans les statistiques, que les candidats à la licence, qui la veille de l'examen prenaient quatre inscriptions d'un seul coup, pour se mettre en règle avec le fisc. C'était au plus, dans les bonnes années, 100 étudiants dans les sciences, 150 dans les lettres, et presque tous fictifs.

Tout à coup, à partir de 1877, nous voyons apparaître 384 étudiants dans les Facultés des sciences, 286 dans les Facultés des lettres. Puis, d'une année à l'autre, ces nombres grossissent du simple au double, du double au triple, du triple au quadruple, et finissent par atteindre les chiffres inespérés de 1,335 dans les sciences, de 2,358 dans les lettres. Dans l'accroissement total du nombre des étudiants, les Facultés des sciences et des lettres entrent en ligne de compte pour plus de 3,500 unités. Et qu'on le remarque, ce n'est pas là purement et simplement le développement normal d'une chose préexistante. C'est de toutes pièces la création d'une chose vraiment nouvelle.

Par là nous avons, en grande partie, regagné l'avance que de tout temps l'Allemagne avait eue sur nous.

Autrefois, le nombre de ses étudiants était double du nôtre. Il le dépasse encore aujourd'hui de 12,000 environ. Mais il faut tout d'abord tenir compte de la population totale des deux pays. Celle de l'Empire d'Allemagne est de 45 millions d'habitants ; celle de la République française est seulement de 38. Et puis, ne l'oublions pas, nous avons en France des institutions qui détournent des Facultés une notable partie du contingent qui, en Allemagne, va droit aux Universités : nos lycées d'abord, où s'enseignent quantité de choses qui ailleurs sont du domaine de l'enseignement supérieur, puis l'École polytechnique, l'École normale, l'École des chartes, enfin tous les grands séminaires. En Allemagne, rien de semblable. Seul l'enseignement technique a des écoles spéciales ; tout l'enseignement scientifique se donne aux Universités. Partant, c'est aux Universités que va presque toute la jeunesse, les futurs ministres des cultes aussi bien que les futurs médecins, les futurs magistrats, les futurs professeurs et les futurs savants.

L'Allemagne est le pays d'Europe où les étudiants sont le plus nombreux, un sur quinze cents habitants. En France, nous n'en avons qu'un sur deux mille. Sensible est la différence. Mais si l'on tient compte des causes qui viennent d'être indiquées, si aux étudiants de Faculté on ajoute les élèves des écoles spéciales, l'écart s'atténue et devient presque insignifiant.

Avec le nombre des étudiants s'est accru celui des grades. Il n'est pas inutile de mettre en relief pour chaque ordre de Facultés, le rapport des uns et des autres.

Dans les Facultés de droit, le rendement s'est accru d'une manière absolue. Nous avons déjà dit que le nombre des étudiants y était demeuré à peu près stationnaire. Le nombre des grades, au contraire, s'y est notablement accru. De 1870 à 1879, la moyenne des licenciés en droit était, chaque année, de 1,050. De 1879 à 1884, elle s'élève à 1,400. Elle retombe ensuite à 1,260 ; mais elle remonte plus tard à 1,300. Parallèlement, le nombre des docteurs en droit s'est accru d'une façon beaucoup plus sensible encore. Il avait été de 30 en 1826. Dix ans plus tard il était de 30 encore. En 1846 il est de 100 ; il descend à 90 en 1856, à 80 en 1866. Mais il monte à 190, en 1876, et depuis lors, il se maintient, bon an mal an, à 120 en moyenne.

A l'inverse, dans les Facultés et Écoles de médecine, le nombre des étudiants s'est accru, et celui des grades est demeuré à peu près stationnaire. Avec plus d'étudiants, nous ne faisons pas beaucoup plus de docteurs et nous faisons moins d'officiers de santé. Le nombre des docteurs reçus en 1866 était de 520. Il a été de 610 en 1876. Depuis lors, une seule fois, il s'est élevé à 690. Mais d'autres fois il est tombé à 590 et même à 540. Le nombre des officiers de santé, qui était autrefois de 200 et plus, oscille maintenant entre 135 et 90 ; il est même descendu à 80 en 1888. Mais c'est surtout en ces dernières années que s'est augmenté le nombre des étudiants en médecine. Comme il faut cinq et même six ans pour faire un médecin, c'est seulement dans deux ou trois ans qu'on peut légitimement attendre une augmentation du nombre des docteurs.

En revanche, dans les Facultés des sciences et des lettres, c'est un changement du tout au tout. Naguère l'année était excellente quand elle donnait, y compris les élèves de l'École normale, 60 licenciés ès sciences, 80 licenciés ès lettres, une dizaine de docteurs ès lettres, et huit ou dix docteurs ès sciences. Ce serait maintenant une année très mauvaise. Depuis 1877, nous sommes habitués à d'autres moissons. Nous avons eu, certaines années, jusqu'à 360 licenciés ès sciences, 300 licenciés ès lettres, 30 docteurs ès sciences et 30 docteurs ès lettres.

Signalons enfin le nombre sans cesse croissant des étrangers inscrits dans les Facultés de France. En 1868, la clientèle étrangère de nos Facultés était de 500 étudiants. Après la guerre de 1870, elle disparut presque tout entière, et émigra vers les Universités de langue allemande. Peu à peu elle est revenue ; peu à peu elle a grossi et, cette année, elle atteint le chiffre considérable de 1,192.

Voici comment elle se répartit d'abord par ordres d'enseignements, puis par nationalités :

Théologie.	4
Droit.	244
Médecine.	862
Sciences.	39
Lettres.	20
Pharmacie.	23
Allemagne.	19
Angleterre.	72
Annam.	1
Autriche.	3
Australie.	1
Belgique.	15
Bolivie.	1
Brésil.	9
Bulgarie.	34

Chili	3
Cuba	2
Egypte	56
Espagne	45
États-Unis	169
Grèce	54
Hollande	8
Hongrie	1
Ile Maurice	5
Indes occidentales	1
Italie	22
Japon	4
Luxembourg	6
Madagascar	1
Mexique	1
Monaco	2
Norvège	3
Perse	2
Portugal	19
République Argentine	5
Roumanie	154
Russie	278
Serbie	33
Suède	2
Suisse	44
Turquie	123

Sur le nombre total, plus d'un millier étudient à Paris. Au premier semestre de la présente année scolaire, il y avait à l'Université de Berlin 331 étudiants étrangers.

Tel est, vu du dehors, le tableau de nos Facultés. Il nous faut maintenant pénétrer au dedans, et, sous le physique, chercher à saisir le moral.

VII

LA VIE INTÉRIEURE
LA RÉFORME DE L'ENSEIGNEMENT
LES ÉTUDES.

En passant du dehors au dedans, nous nous trouvons en présence de changements d'un autre ordre, mais non moins considérables.

Tout ce que nous venons de décrire, transformations et créations, les constructions, les laboratoires, les collections, l'outillage scientifique, les bibliothèques, les nouveaux enseignements, l'accroissement du personnel, l'augmentation des budgets, tout cela n'était qu'un ensemble de moyens. Le but, c'était la vie nouvelle qu'on attendait de ces nouveaux organes.

Cette vie, elle s'est produite; elle se développe chaque jour avec plus d'intensité et plus de variété, et bien qu'elle soit encore loin d'avoir donné tous ses effets, nous avons d'elle, à cette heure, des manifestations assez nombreuses et assez sûres, pour pouvoir affirmer qu'elle est aujourd'hui agissante et durable.

Elle s'est produite dans des conditions qui en rendaient particulièrement difficiles l'éclosion et l'épanouissement. Sans doute elle avait pour elle cette force interne et idéale, qui crée et dirige, et qui finit presque toujours par susciter et organiser les moyens de sa propre réalisation. Mais elle avait contre elle, en grande partie du moins, le milieu même, où ses germes étaient épars, milieu depuis longtemps préexistant, aux manières d'être anciennes et résistantes, partant peu favorable aux cultures nouvelles.

D'autres causes augmentaient encore la difficulté de la formation. Il n'y avait pas à modifier que les mœurs des Facultés; il fallait changer aussi celles de l'administration. S'il fallait ici réagir contre des habitudes tellement invétérées qu'elles avaient fini par faire considérer comme la forme naturelle et normale de l'enseignement supérieur ce qui n'en est qu'une déviation, il fallait là rompre avec des pratiques tellement étroites que Guizot avait pu dire dans la commission de 1870 : « L'enseignement supérieur a toujours été asservi tantôt à l'Église, tantôt à l'État. » Avant toute autre chose, il s'agissait d'habituer l'administration et le corps enseignant à se considérer non comme deux forces antagonistes, mais comme les coordonnées d'un même dessein.

Toutes ces difficultés ont été aplanies ou vaincues.

Le mérite et l'honneur en reviennent à quiconque a pris part à cette œuvre, au corps enseignant tout entier, même à ceux qui d'abord se défiaient et résistaient, et forçaient ainsi les autres à avoir deux fois raison ; aux ministres de l'Instruction publique, dont pas un n'a considéré comme la moindre cette partie de sa tâche ; aux pouvoirs publics qui ont eu confiance et se sont montrés généreux ; au Conseil supérieur de l'Instruction publique, où pour la première fois tous les ordres d'enseignement avaient des représentants élus ; aux inspecteurs généraux de l'enseignement supérieur, qui furent, dans ces années, les missionnaires infatigables de l'esprit nouveau ; à la *Société de l'enseignement supérieur*, qui depuis dix ans est à l'avant-garde de tous les progrès ; à son secrétaire-général, M. Lavisse, un maître parmi les maîtres, qui aura été le Fichte de nos Facultés régénérées.

Mais dans ce concours, une place à part est due à ceux qui eurent alors la charge de diriger l'enseignement supérieur, à M. du Mesnil, d'abord, pour qui c'est une récompense méritée que d'assister à la réalisation d'idées dont il fut des premiers à voir l'importance scientifique et la portée sociale ; puis à son successeur Albert Dumont, enlevé prématurément, en plein travail, la moisson commençant. Ce fut une bonne fortune pour les Facultés d'avoir, à ce moment précis, Albert Dumont à leur tête. A tout autre moment, en toute autre fonction, ses rares qualités eussent rendu des services de premier ordre. A la direction de l'enseignement supérieur, entre les années 1879 et 1884, elles en rendirent d'uniques. Albert Dumont fut de tout point l'homme de l'œuvre à laquelle il se trouva préposé, et son nom en est inséparable.

Cette vie nouvelle des Facultés, dont je vais essayer de tracer à larges traits les phases principales, ne s'est pas manifestée et ne pouvait se manifester partout par des signes et par des effets identiques.

Rien de plus dissemblable, il y a vingt ans, que nos divers ordres de Facultés, le droit, la médecine, les sciences et les lettres. Chacun avait ses origines propres et gardait ses affinités particulières, le droit avec le barreau et la magistrature, la médecine avec l'Assistance publique, les lettres et les sciences avec l'ancienne Université et l'École normale. Par suite, chacun avait sa conception spéciale de l'enseignement supérieur, ses habitudes, ses traditions, ses idées, ses préjugés.

Il ne s'agissait pas d'effacer entre eux toute différence ; — il en est d'essentielles et qui doivent subsister ; — mais de leur inspirer à tous, sur le rôle et la fonction de l'enseignement supérieur, une pensée commune, assez large pour comprendre toutes les variétés nécessaires, assez haute pour les dominer toutes. En un mot, il s'agissait de faire de chaque Faculté, prise à part, une véritable école de haut enseignement, au sens plein du mot, et de chaque groupe de Facultés, un corps pénétré du même esprit, et vivant tout entier pour la science.

Le point de départ fut et ne pouvait être qu'une réforme des programmes.

L'idéal, pour l'enseignement supérieur, serait l'absence de tout programme officiel. On

ne canalise pas la science en des règlements.
Elle surgit où elle veut ; elle va où elle veut,
par les chemins qu'elle veut ; qui veut la suivre
la suit. En France, cet idéal semblerait encore
aujourd'hui une chimère dangereuse. Cela tient
à l'idée qu'on se fit à l'origine du but des Facultés. Créées dans un dessein plus pratique
que scientifique, on leur assigna une double
destination d'inégale importance, l'une sociale,
l'autre savante : premièrement, et avant tout,
la collation des grades exigés par la loi pour
l'exercice de certaines professions, puis, l'enseignement des sciences approfondies.

Fatalement, de ces deux fins, la première
devait promptement devenir la mesure de la
seconde, et la science ne pouvait prétendre,
sauf exception, à monter plus haut que le
grade. Il n'est pas possible d'éviter que là où
des grades publics sont le but des études, les
programmes des examens ne soient les régulateurs de l'enseignement. Un remède héroïque
et radical eût été la suppression des grades
d'état et la création à leur place, hors des Facultés, d'examens d'état pour l'exercice des professions auxquelles l'État croit de son devoir
d'attacher des garanties, et, dans les Facultés,

de grades purement académiques et savants, relevant des Facultés seules et laissant à la science toute liberté d'essor et de direction.

On s'était demandé, en 1870, au moment où s'agitaient les problèmes qui se rattachent à la liberté de l'enseignement supérieur, si là n'était pas la solution du plus épineux de tous : la conciliation des droits de l'État et de la liberté même de l'enseignement et de la science. Mais on avait reculé devant la perturbation qu'on en redoutait dans nos mœurs publiques et devant la crainte d'enlever à l'État une de ses prérogatives essentielles.

A plus forte raison devait-on s'arrêter devant les mêmes scrupules et devant d'autres encore, une fois qu'eut été proclamée la liberté de l'enseignement supérieur. Mais du moins si l'on maintenait aux Facultés la charge de conférer, au nom de l'État, des grades professionnels, fallait-il alléger le poids dont ils avaient pesé sur elles et relâcher les contraintes qu'ils leur avaient imposées. Pour cela, il n'y avait qu'un moyen : mettre dans les grades plus de science que par le passé. C'est ce qu'on fit partout où il sembla nécessaire. Peut-être cette transfusion n'a-t-elle été ni assez complète ni assez hardie ;

mais comme elle a réussi, nul doute qu'on ne soit encouragé à la renouveler le jour où elle paraîtrait de nouveau nécessaire.

C'est par la médecine que l'on commença.

Nulle part n'était plus sensible la discordance entre les programmes d'études et d'examens et l'état de la science. On en était toujours aux règlements de la Révolution et du Consulat. Rien de meilleur, pour le temps où ils parurent, que ces règlements. Par eux s'était accomplie une révolution radicale et féconde dans cet ordre d'enseignement. A la tradition, à l'empirisme, à la routine, à l'enseignement par le livre, ils avaient substitué la clinique et l'observation.

Mais depuis lors, dans la science, à l'observation avait succédé l'expérience. Peu à peu le champ de la médecine s'était élargi ; peu à peu ses procédés d'investigation s'étaient transformés ; peu à peu s'étaient infiltrées en elle des sciences qui d'abord paraissaient sans rapport avec elle, et une révolution totale s'y était achevée le jour où, à la suite de travaux mémorables, Claude Bernard avait formulé ces conclusions : La médecine, pour être une science positive, doit devenir une science expérimentale. Il ne suffit pas qu'elle établisse, par l'observation, les caractères des phénomènes morbides ; il faut qu'elle en détermine, par l'expérience, les raisons et les lois. Il ne suffit pas qu'elle constate empiriquement l'action des médicaments ; il faut qu'elle l'explique rationnellement, comme fait la chimie des phénomènes chimiques, comme fait la physique des phénomènes physiques.

Cette révolution, bientôt confirmée avec tant d'éclat par les découvertes et les doctrines de Pasteur, appelait, sous peine de déchéance, une transformation dans les méthodes et dans le contenu de l'enseignement.

Il n'était plus possible de borner l'éducation, même l'éducation professionnelle du futur médecin, à l'anatomie, aux trois cliniques, à la médecine opératoire et à la thérapeutique. Il fallait envelopper toutes ces études, autrefois indépendantes, d'un milieu de science pure. A la clinique et à l'observation proprement dite, il fallait ajouter le laboratoire et l'expérience.

C'est ce qu'ont fait les nouveaux règlements du doctorat en médecine. On y a conservé toutes les anciennes études, celles qui font le praticien. On y a ajouté celles qui font le savant, l'histologie normale et l'histologie pathologique, la physique et la chimie, l'étude de l'organisme à l'état sain et l'étude expérimentale de ses altérations. Dans les hôpitaux, partout les salles d'examen clinique se sont flanquées de laboratoires; dans les Facultés, partout autour des salles de dissection et de médecine opératoire, se sont ouvertes d'autres salles pour d'autres travaux pratiques, travaux de chimie, travaux de physique, travaux de physiologie, travaux d'histologie, travaux d'anatomie pathologique, travaux de bactériologie, travaux de thérapeutique expérimentale. L'enseignement, qui naguère encore se donnait tout entier dans la chaire et au lit du malade, a maintenant un troisième siège, le laboratoire, et ce n'est pas là qu'il est le moins actif. Il ne suffit plus à l'étudiant en médecine de savoir manier le bistouri, le scalpel et le stéthoscope. Le microscope, les réactifs, les bouillons de culture sont devenus pour lui choses d'usage courant et de première nécessité.

Il y avait aussi bien des ouvertures à pratiquer dans les Facultés de droit. Elles étaient closes de toutes parts, sauf du côté du barreau et de la magistrature. C'étaient des écoles, mais des écoles qui tenaient un peu du sanctuaire.

On y interprétait la loi écrite ; mais on y croyait aussi avoir charge de la garder, et la façon même dont on l'interprétait témoignait de cette préoccupation. C'était toujours, en effet, la façon des géomètres, qui partent de principes immuables et en déroulent les conséquences, et non celles des historiens pour qui la loi sort des faits, s'explique par un ensemble donné de faits et se modifie avec les faits. La critique historique, avec ses investigations, ses inductions, ses hardiesses, ses incertitudes, ses hypothèses, son mouvement et sa vie, n'y pénétrait pas.

La faute n'en était pas aux Facultés, mais à leurs origines. Elle n'étaient pas, en effet, ce que la Révolution avait rêvé qu'elles fussent, des écoles de sciences sociales et politiques, où à côté du droit proprement dit eût trouvé place tout ce qui a rapport aux sociétés et à leurs phénomènes, leur histoire et leur philosophie. Elles étaient restées ce que le Consulat avait fait d'elles, des écoles pratiques de jurisprudence, chargées de fournir à la société des hommes de loi, et non de rechercher les lois des sociétés.

Elles s'acquittaient admirablement de cette tâche, formant d'excellents juristes, par des méthodes d'une rigueur et d'une précision sans égales, mais se confinant dans une tâche trop étroite, et finissant par se croire investies, comme la loi elle-même, d'une sorte d'immutabilité. Leur enseignement, limité à l'origine au code civil, au code pénal et à la procédure, avec quelques éléments de droit romain, s'était agrandi peu à peu par l'addition du code de commerce, du droit administratif, et, en certains endroits et à certaines époques, du droit constitutionnel. Mais l'esprit était demeuré le même ; et, avec l'esprit, les méthodes, l'allure et les résultats de l'enseignement.

Un instant, sous le Gouvernement de juillet, M. de Salvandy s'était préparé à les remanier de fond en comble. Il voulait en étendre le champ jusqu'aux limites mêmes des sciences sociales, y introduire tout ce qui peut tenir sous les termes génériques de loi et de droit, entendus dans le sens le plus large, le droit naturel aussi bien que la loi écrite, toutes les branches du droit public aussi bien que le droit privé, les lois économiques aussi bien que les règlements administratifs, l'histoire et la philosophie des institutions aussi bien que l'application des règles qui leur sont propres.

Ainsi élargies, ainsi pourvues, les Facultés de droit à côté des juristes, eussent formé des administrateurs, des politiques, des diplomates et des savants. La méthode historique et critique et la méthode interprétative et géométrique y eussent régné de pair, corrigeant l'une par l'autre ce que l'une et l'autre a d'exclusif et de dangereux quand elle est appliquée seule à l'éducation des esprits. Une révolution dans la politique arrêta net cette révolution dans les études, au moment même où elle paraissait sur le point d'aboutir.

Depuis lors, on n'a pas repris dans son ensemble le plan de M. de Salvandy, qui reste toujours un idéal. Mais divers fragments en ont été réalisés successivement, et, pour qui les a connues il y a vingt ans seulement, il est incontestable qu'un grand changement s'est accompli dans le moral des Facultés de droit.

Un point à noter tout d'abord, c'est la diminution croissante du nombre des professeurs inscrits en même temps au barreau. Les Facultés y ont gagné de n'être plus considérées comme l'antichambre du prétoire, mais comme des institutions ayant leur fin en elles-mêmes, et, sans rien négliger de leurs devoirs professionnels, elles ont pris une conscience chaque jour plus nette et plus agissante de leurs devoirs envers la science.

Nous en avons depuis quelques années des signes indubitables. En premier lieu, les œuvres des maîtres. Autrefois, c'étaient presque toujours des traités sur les codes ou des manuels à l'usage des étudiants. Ce sont aujourd'hui le plus souvent des œuvres savantes dont l'objet n'est pas limité aux matières mêmes de l'enseignement, mais s'étend au domaine entier des sciences juridiques et sociales.

En second lieu, le caractère et la méthode de certains enseignements. Il fut un temps où le droit romain par exemple était exclusivement tenu pour un instrument d'éducation, pour une discipline et une gymnastique, pour un moyen de former les esprits à l'art d'appliquer à des espèces particulières des règles abstraites et générales. Nous avons aujourd'hui dans les Facultés de droit une très savante école de romanistes qui l'envisage d'une toute autre façon. Elle y voit moins un monument de logique juridique, qu'un produit de l'histoire ; elle s'applique moins à en démontrer la structure qu'à en expliquer la vie. Elle le traite en lui-même, historiquement, dans son évolution, comme ailleurs on étudie en elle-même l'évolution des langues et des littératures.

Un dernier signe enfin, c'est l'introduction dans les Facultés de droit d'enseignements nouveaux auxquels elles étaient longtemps demeurées volontairement étrangères : l'économie politique, l'histoire du droit, le droit constitutionnel, le droit international privé et public, la législation financière, la législation coloniale et les législations comparées. Il y a là, parfois à trop petite dose, des ferments qui ne demeureront pas inactifs, mais qui seront, qui sont déjà, pour les Facultés de droit, des principes de renouvellement et de vie.

Dans les autres Facultés, un seul grade, la licence ès lettres, appelait des modifications.

C'était, par définition, comme tous les grades supérieurs, une épreuve à la fois savante et professionnelle ; mais elle était organisée de façon à ne prouver assez ni la science, ni les connaissances professionnelles. Tout ce qu'on y demandait, dissertation française, dissertation latine, vers latins, thème grec, explications d'auteurs classiques, on pouvait le savoir au sortir du collège, sans en avoir rien pris à la Faculté même. Aussi n'était-il pas rare d'y voir réussir d'emblée de bons rhétoriciens.

En outre, comme elle conférait la *licentia docendi* pour toutes les classes indifféremment, et qu'elle ne contenait rien de l'histoire, rien de la philosophie, rien des langues et des littératures étrangères, et fort peu de la grammaire et de la philologie, elle n'offrait quelques garanties de savoir professionnel que pour les classes de lettres.

Cependant apte à tout faire, de par son diplôme, le licencié ès lettres était chargé, suivant les besoins du service, d'une classe de lettres ou d'une classe de philosophie, d'une classe de grammaire ou d'une classe d'histoire, parfois de toutes l'une après l'autre.

Pour remédier à ces défauts, à ces inconvénients, on tailla, dans la licence ès lettres, sur le fond commun des études classiques, autant de circonscriptions qu'il y a de groupes naturels dans l'enseignement complet d'une Faculté des lettres et d'espèces de classes dans l'enseignement secondaire : les lettres proprement dites, la philosophie, l'histoire et les langues vivantes.

Il n'y avait pas à toucher à la licence ès sciences. De tout temps, avec ses trois branches, sciences mathématiques, sciences physico-chimiques, sciences naturelles, elle avait répondu à la division théorique de la science.

Il n'y avait rien non plus à modifier au doctorat ès sciences et au doctorat ès lettres. C'étaient des épreuves d'une haute valeur et d'un haut prix, tenues beaucoup plus haut qu'elles n'ont jamais été dans aucune des Universités de l'étranger, et auxquelles nul ne pouvait prétendre sans avoir fait œuvre personnelle et savante.

Aussi, dans ces deux ordres de Facultés, le plus urgent était-il moins d'appareiller les grades à la science que l'enseignement aux grades.

On a vu plus haut ce qu'étaient d'ordinaire les cadres d'une Faculté des sciences et d'une Faculté des lettres; ils étaient loin de répondre à l'ampleur et à la variété de la science. On a vu aussi quelle sorte d'enseignement s'y donnait.

Avec une dépense considérable de talent et d'efforts, il était loin d'avoir les caractères et les effets de l'enseignement scientifique.

Il fallait donc tout à la fois l'élargir et le modifier. On l'élargit en créant de nouvelles chaires, de nouveaux cours complémentaires, en instituant les maîtrises de conférences. On le modifia en organisant, à côté des cours publics, des cours fermés et en mettant dans ces cours de véritables élèves.

Créer de nouvelles chaires, de nouveaux enseignements, c'était alors chose relativement facile. Que fallait-il ? De nouveaux crédits; on les obtenait sans peine. De nouveaux maîtres; on en avait de jeunes, formés aux bonnes méthodes, qui ne demandaient qu'à faire leurs preuves, et à prendre part à cette rénovation de l'enseignement supérieur.

Le reste, je veux dire la transformation des méthodes et la formation de ces deux nouvelles espèces d'étudiants, inconnues jusque-là, l'étudiant en lettres et l'étudiant en sciences, présentait plus de difficulté.

Il fallut, pour aboutir, tout le prosélytisme patient et persuasif d'Albert Dumont.

Son dessein n'a jamais été, comme on l'a dit, la suppression absolue des cours publics. Il aimait trop tout ce qui touche à la France pour dédaigner cette manifestation si particulière de l'esprit français. Ce qu'il voulait, c'est que les cours publics ne fussent plus le tout, ni même l'essentiel de l'enseignement supérieur. Il n'interdisait pas aux Facultés de vulgariser avec talent, dans un certain nombre de leçons publiques, les résultats de la science ; il le recommandait même, parce qu'il voyait là une partie de leur tâche et un moyen pour elles de se tenir en rapport avec l'opinion. Mais il leur demandait de ne pas nuire par cette tâche extérieure à leur tâche interne et de ne pas faire passer la préoccupation de l'auditeur avant les soins dus à l'élève.

L'événement lui a donné raison. Ce serait une curieuse histoire à suivre dans le détail, que la métamorphose des Facultés des sciences et des lettres.

On la verrait commencer très modestement, d'abord en province, à Lyon, à Douai, à Bordeaux, puis à Paris, à la Sorbonne, non dans les grands amphithéâtres qui restent ouverts à tout venant, mais dans des baraquements en planches, construits et aménagés tout exprès. On la verrait, à l'origine, dédaignée et raillée, puis quand elle s'accentue, dénoncée comme un danger pour le talent qui, disait-on, a tout à perdre à s'enfermer en lieu clos, et ne peut s'épanouir qu'au plein air du cours public. On la verrait triompher peu à peu, à force de raison, à force de succès, de toutes les attaques, de toutes les résistances, et finir par porter de tels fruits que les plus prévenus ne peuvent contester qu'elle ait été féconde.

Tout d'abord, on invita les Facultés à préparer à la licence. M. Duruy l'avait tenté en 1868 ; mais il n'avait pu vaincre la force des habitudes, et ses *Écoles normales secondaires* n'avaient pas survécu à son ministère.

On renouvela la tentative et l'on fut plus heureux. Nombre de professeurs, les plus jeunes surtout, furent ravis de ce changement dans l'application de leurs efforts, et ils se mirent à la besogne d'un tel cœur qu'ils entraînèrent les autres. On n'eut d'abord pour élèves que les maîtres répétiteurs et les maîtres auxiliaires des lycées. Puis on s'adressa aux professeurs des collèges, bacheliers pour la plupart, et on leur offrit des facilités de préparation à la licence; on entra en correspondance avec eux; on leur corrigea des travaux; on fit pour eux le jeudi des conférences spéciales. Enfin, à ces premières recrues, s'ajouta bientôt la phalange d'élite des boursiers de licence.

Après la licence, nouvelle étape, l'agrégation.

L'agrégation n'est pas un grade, mais un concours, le concours d'où sortent les professeurs titulaires des lycées. Elle a autant de branches qu'il y a de circonscriptions dans l'encyclopédie scientifique et de groupes de classes dans l'enseignement secondaire, la philosophie, les lettres, la grammaire, l'histoire, les langues vivantes, les mathématiques, les sciences physiques et les sciences naturelles. Jusqu'alors, l'École normale y avait seule préparé.

On demanda aux Facultés d'y préparer aussi. Rien n'était plus conforme à leur double destination savante et professionnelle. On eut alors dans les Facultés des sciences et des lettres, dans celles du moins dont le personnel était assez nombreux, deux ordres superposés d'études et de conférences, les conférences de licence et les conférences d'agrégation [1].

Mais l'agrégation elle-même n'était qu'un acheminement vers un but plus élevé. La tâche professionnelle des Facultés n'est pas la seule. C'est beaucoup déjà qu'elles forment pour l'enseignement secondaire des maîtres instruits. Mais là n'est pas la limite de leur devoir. Au-dessus, elles ont à contribuer aux progrès de la science, et cela de deux façons, d'abord par les travaux et les découvertes des maîtres, puis par l'initiation d'une élite d'élèves aux méthodes scientifiques.

De ces deux contributions, elles avaient, à toutes les époques, largement payé la première. Très rarement, dans le passé, elles avaient fourni la seconde. On leur demanda d'y voir désormais un devoir essentiel.

C'était d'autant plus nécessaire que trop souvent jusqu'alors, les jeunes professeurs se considéraient comme en règle avec la science

---

1. Dès 1874, M. G. Monod avait réclamé, comme mesures initiales de la réforme des Facultés, la suppression du stage dans les lycées, un séjour de trois ans dans les Facultés de l'État pour tous ceux qui se destinent à l'enseignement, puis la création des bourses d'enseignement supérieur. Ceci donné, disait-il, le reste suivra. L'événement a montré combien ces vues étaient justes.

quand ils avaient franchi les défilés de l'agrégation. Combien nous en avons connu, je dis des meilleurs et des mieux doués, qui se sont stérilisés vers la vingt-cinquième année, uniquement par ignorance des bonnes méthodes de travail, ou par dédain des œuvres qui sont utiles sans être éclatantes! Dans les lettres surtout, notre culture trop exclusivement esthétique faisait des délicats, des difficiles; mais elle énervait par avance un effort qu'on sentait ne pouvoir aboutir à des œuvres parfaites. Là était une de nos infériorités vis-à-vis de l'étranger. En aucun temps, les hommes de talent, ni même les hommes de génie n'ont fait défaut à notre enseignement supérieur; mais une fois découvert le filon de métal précieux il faut l'exploiter, le monnayer, et cela n'est possible qu'avec des équipes nombreuses de travailleurs, sachant manier l'outil, et ne dédaignant pas les besognes modestes, mais utiles.

C'était la préoccupation dominante d'Albert Dumont. Il y revenait sans cesse, dans ses conversations, dans ses instructions, dans ses discours.

« Tout en enseignant les connaissance nécessaires pour la licence et l'agrégation, écrivait-il en 1883, les Facultés doivent choisir des jeunes hommes d'avenir qu'elles prépareront et armeront de telle sorte qu'ils deviennent des maîtres. Il faut voir au delà de la simple préparation aux examens, considérer le temps où l'étudiant affranchi de la poursuite des titres professionnels voudra travailler par lui et par lui seul. Il doit se former entre les maîtres et les élèves une association qui ne se rompe pas par l'obtention des grades, mais qui se continue durant toute la carrière. Chaque Faculté n'eût-elle chaque année que quatre ou cinq élèves de cet ordre, le résultat serait déjà très heureux. »

Quelques années auparavant, il avait dit à Grenoble : « Les Facultés ont pour mission principale le progrès de la science. L'enseignement régulier que donnent leurs professeurs expose l'état actuel de nos connaissances ; ils ont le devoir de les augmenter. Ils ne peuvent être satisfaits que s'ils comptent, non seulement en France, mais hors de France, dans cette élite d'hommes distingués qui, par la force de la pensée, le nombre et la valeur des travaux, représentent le progrès. »

Ainsi, dans cette large conception de l'enseignement supérieur, la science, la science une comme l'esprit humain, multiple comme le monde, devait être l'âme commune de toutes les Facultés et l'anneau terminal où, de progrès en progrès, elles viendraient se relier et s'unir.

VIII

LES RÉSULTATS SCIENTIFIQUES

Telle fut la doctrine et telle fut la méthode[1].
La doctrine dérivait de ce qui, par ce temps de science, est, en tout pays civilisé, l'idéal de l'enseignement supérieur, grouper la jeunesse en de larges foyers d'études, de science et d'esprit national, et l'y élever librement dans le culte de la vérité et de la patrie. La méthode, au contraire, s'inspirait des besoins propres de la France, de ses mœurs et des conditions spéciales de temps et de lieu qui lui étaient particulières, et c'est par là que, d'une conception générale qui n'est personnelle à aucune nation, elle devait faire sortir une œuvre éminemment française.

[1]. Voir les *Notes et Discours* d'Albert Dumont, le troisième volume de l'ouvrage de M. Gréard, intitulé : *Éducation et Instruction*, les *Questions d'enseignement national* et les *Études et Étudiants* de M. Lavisse.

Là est le trait essentiel de l'entreprise. Cette entreprise, on l'a parfois présentée, avec plus d'ignorance encore que d'injustice, comme une germanisation artificielle de nos Facultés. Est-ce la peine de relever ce reproche? Tout ce que j'ai déjà dit, tout ce qui me reste à dire montre surabondamment combien il est vain.

Une seule remarque cependant : il n'est au pouvoir de personne d'imprimer à volonté une marque étrangère à des institutions qui, pour vivre, doivent être adaptées au sol qui les porte et à l'atmosphère qui les enveloppe, ou bien en voulant le faire on les tue. Or nos Facultés sont vivantes, beaucoup plus vivantes qu'elles n'ont jamais été. Quelle meilleure preuve que, tout en se modifiant, elles sont restées françaises?

Doctrine et méthode ont agi au dedans de tous les ordres de Facultés et y ont porté plus haut qu'auparavant les études et la science. On l'a vu plus haut pour les Facultés de médecine et de droit. Mais nulle part cette action n'a eu d'effets plus rapides et plus entiers que dans les Facultés des lettres et des sciences.

Là, ce n'était pas simplement de modifications, mais d'un changement complet de front qu'il s'agissait. A l'inverse de ce qui se passe actuellement en Angleterre et en Écosse, où les Universités sortent de leur enceinte traditionnelle, élargissent le cercle de leur action et envoient même dans les villes voisines des colonies d'enseignement supérieur, nos Facultés avaient à se replier sur elles-mêmes, à former en elles des foyers intérieurs, à y concentrer des efforts qui, trop dispersés au dehors, se perdaient souvent dans le vide. C'était pour elles une crise organique. Les pessimistes, ceux qui ne pouvaient se résoudre à ces changements, disaient qu'elles y succomberaient. Elles en sont sorties transformées et régénérées.

Rouvrons les statistiques. Dans celle de 1868, dans celle même de 1878, nous trouvons inscrits des auditeurs, mais pas un seul élève. En 1879, commencent à se montrer les premiers noyaux d'étudiants, à Paris, à Lyon, à Bordeaux, à Montpellier. L'année suivante, il en apparaît d'autres à Poitiers, à Douai, à Toulouse, ailleurs encore, et en moins de trois ans il n'est pas un seul point où il ne s'en soit formé.

Rapidement ces noyaux s'affermissent et se développent, et ce sont aujourd'hui de solides formations. En 1888, la dernière année enregistrée par les statistiques, il y a eu dans les Facultés des sciences et des lettres 3,693 étudiants, 1,620 à Paris, 2,073 en province ; 1,335 dans les sciences, 2,358 dans les lettres.

Et ce n'est pas une population fictive, inscrite seulement sur les registres, que cette population nouvelle. Dans ce gros chiffre de 3,700, chaque unité est réelle et vivante.

Allez à la Sorbonne, et sans vous arrêter aux premiers plans, aux cours publics, pénétrez plus avant, dans les conférences, dans les salles d'études, dans les bibliothèques, dans les laboratoires, partout vous trouverez autant d'élèves que de places. Pas une cellule de la ruche qui ne soit occupée. Vous verriez semblable chose à Bordeaux, à Lyon, à Lille, à Montpellier, à Nancy, et jusque dans les Facultés des plus petites villes.

Ces nouvelles familles d'étudiants, nées avec tant de spontanéité et si rapidement constituées, se composent, en majeure partie, d'apprentis professeurs de l'un et l'autre sexe.

Rien d'étonnant à cette composition. Jusqu'ici aucun courant ne portait la jeunesse aux Facultés des sciences et des lettres. Ceux qui voulaient pousser leurs études littéraires ou scientifiques plus loin que le lycée, allaient aux écoles spéciales, à l'École normale, à l'École polytechnique, à l'École des chartes. Les autres faisaient leur droit ou leur médecine. Mais nul ne s'avisait qu'on pût faire également ses lettres ou ses sciences. Toute tentative pour dériver vers les Facultés des lettres ou des sciences une partie de l'alluvion qui se portait chaque année aux écoles spéciales et aux Facultés de droit et de médecine était condamnée d'avance. Il fallait donc faire de ces Facultés des écoles spéciales et professionnelles à leur manière, et y appeler d'abord ceux dont ce sera le métier d'enseigner les lettres et les sciences.

On ne pouvait d'ailleurs trouver pour elles meilleurs élèves et plus laborieux. Mais on espérait bien qu'ils ne seraient pas longtemps les seuls, et qu'ils ne tarderaient pas à en attirer d'autres, de ceux qui étudient pour étudier, sans aucun souci de carrière. Là encore on ne s'était pas trompé, et dans quelques Facultés, sinon dans toutes, à la couche primitive des étudiants professionnels s'est ajoutée celle des étudiants libres, de ceux qui ne visent pas aux fonctions de l'enseignement. Sur les 1,000 élèves de la Faculté des lettres de Paris, en 1888, ils étaient 300 de cette espèce.

Il est sorti de cette renaissance autant d'effets qu'on en pouvait attendre. D'abord ce bénéfice diffus que tire toujours un pays d'une extension nouvelle des hautes études; puis, pour les collèges et les lycées, plus de licenciés, plus d'agrégés que par le passé; enfin une intensité plus grande du travail scientifique.

Il n'y avait en 1875 que 575 licenciés dans les collèges communaux et 802 agrégés dans les lycées. La plupart des classes étaient faites ici par des bacheliers, là par des licenciés.

Les collèges ont aujourd'hui 1,150 licenciés, et les lycées 1,450 agrégés. A l'exception des élèves de l'École normale, ils sont tous venus des Facultés.

A mesure que s'y accroissait le nombre des élèves, s'y accroissait aussi le nombre des grades. Elles n'avaient reçu de 1868 à 1878 que 1,108 licenciés ès sciences et 1,318 licenciés ès lettres. De 1879 à 1888, elles en ont fourni 2,970 dans les sciences et 2,412 dans les lettres [1]. En même temps, elles ont formé un contingent considérable d'agrégés. C'est seulement en 1880 qu'elles se mirent à préparer d'une façon régulière et complète aux concours d'agrégation. Leurs succès en 1881 furent modestes. Sur 92 agrégés, elles n'en comptaient que 30. Mais depuis lors, chaque année, le nombre s'est accru, et en 1888, sur 119 agrégés, 89 étaient de leurs élèves. Voilà des résultats qui sont des jugements.

On ne les eût pas obtenus sans les bourses de licence et d'agrégation. A l'origine, on a raillé cette institution : « Les Facultés n'avaient pas d'élèves ; pour qu'elles en eussent, on en paya. » Puis on a affecté d'y voir une prime au déclassement et par suite un danger social.

Railleries et craintes sont tombées devant les faits, et aujourd'hui les bourses de l'enseignement supérieur sont jugées et confirmées par leurs résultats mêmes.

1. Pour s'expliquer comment le chiffre des licenciés ès sciences est supérieur à celui des licenciés ès lettres, il faut savoir que, dans les Facultés des sciences, la plupart des candidats prennent successivement deux licences : la licence mathématique et la licence physique, ou la licence physique et la licence ès sciences naturelles, suivant l'ordre d'agrégation auquel ils se destinent.

On eut raison de les créer parce qu'il n'est pas admissible que dans un pays démocratique les libéralités de l'État s'arrêtent à mi-chemin, et qu'il y a contradiction à avoir, comme on en avait depuis le commencement du siècle, des centaines de boursiers dans les lycées et dans les collèges, et à n'en pas avoir un seul au degré supérieur de l'enseignement. La société est intéressée à ce que les mises en valeur commencées par elle soient poussées jusqu'au bout.

C'était la doctrine de la Révolution. C'est la pratique fort ancienne de pays qui ne se piquent pas d'esprit démocratique. Ainsi en Allemagne, il y a, sous des formes diverses, plus de bourses que nous n'en avons d'inscrites au budget de l'État; par exemple, dans la petite Université de Gœttingue, la neuvième, par le nombre des étudiants, des Universités de l'Empire, sur 1,000 étudiants en moyenne, 200 ont la table gratuite par fondations du gouvernement, des cantons, des villes et des particuliers, et 200 autres reçoivent des subsides en argent.

Outre cet intérêt d'ordre général, la création des bourses d'enseignement supérieur répondait à des besoins particuliers et précis. On voulait, par elles, constituer au sein de chaque Faculté un premier groupe d'élèves sérieux, un de ces noyaux de cristallisation qui attirent et qui fixent, et de ces élèves former, pour les lycées et surtout pour les collèges qui en manquaient, des agrégés et des licenciés.

Aucune de ces espérances n'a été déçue. C'est par centaines, on l'a vu, que se comptent les nouveaux agrégés et les nouveaux licenciés en exercice dans l'enseignement secondaire. C'est par centaines aussi qu'il faut chiffrer les étudiants qui sont venus de toutes parts s'ajouter aux boursiers. Presque partout, le noyau de cristallisation a fait son office. Il a attiré; il a fixé. Sur les 3,700 étudiants que nous avons dénombrés, en 1888, dans les Facultés des sciences et des lettres, 620 seulement jouissaient d'une bourse ou d'une portion de bourse.

Il est donc faux de dire que les boursiers soient l'unique population des Facultés des lettres et des sciences, et que c'est une population d'origine artificielle, qui s'évanouirait tout entière le jour où l'État retirerait ses libéralités. Sans doute, en plus d'une Faculté, les boursiers constituent la majorité des étudiants; mais dans beaucoup d'autres, dans celles précisément où la vie a le plus d'intensité, ils n'en sont que la minorité. A Paris, l'an dernier, sur les 1,100 étudiants de la Faculté des lettres, il n'y avait en tout que 66 boursiers, 50 pour l'agrégation, et 16 pour la licence.

Désormais les boursiers font partie intégrante des Facultés. Ils en sont l'élément le plus actif et le plus vivant. En les supprimant, on leur ferait une profonde blessure organique. Sans eux, elles auraient encore des élèves, et même beaucoup d'élèves. Mais avec eux elles perdraient les meilleurs, ceux qui ont été, sont et seront le bon levain.

Sans doute il y aurait de sérieux inconvénients à donner aujourd'hui autant de bourses professorales que par le passé. Les besoins extraordinaires auxquels il fallait pourvoir il y a dix ans, bacheliers à remplacer par des licenciés, licenciés à remplacer par des agrégés, chaires nouvelles dans les collèges, lycées nouveaux à Paris et dans les départements, sont en grande partie satisfaits. Il suffit maintenant qu'avec l'École normale les Facultés produisent autant de professeurs qu'il en faut pour les besoins courants et réguliers.

Mais l'institution ne devient pas pour cela

inutile, grâce à la plasticité dont elle a déjà fait preuve. Elle a suivi phase par phase l'évolution des Facultés et elle continuera de la suivre. On a commencé par des bourses de licence, parce qu'il fallait alors beaucoup de licenciés pour les collèges ; on a continué par des bourses d'agrégation, parce qu'il fallait aussi beaucoup d'agrégés pour les lycées. Maintenant qu'il en faut moins, on a diminué le nombre des bourses de licence et d'agrégation et l'on a créé des bourses d'études. Elles répondent absolument à la destination supérieure des Facultés, je veux dire à la culture libre et désintéressée de la science.

Cette culture, les Facultés ne l'ont pas négligée depuis vingt ans. Elles ne se sont pas bornées à faire des licenciés et des agrégés. Elles ont, dans cette période, largement contribué aux progrès de la science.

Nous l'avons déjà dit, ce qui dans le passé leur avait fait le plus défaut, ce n'étaient pas les grands talents, mais cette masse de travailleurs de second rang qui extrait le contenu des grandes découvertes, ou qui les prépare par des contributions patientes et utiles.

C'était aussi le travail collectif, d'abord des

maîtres entre eux, puis des maîtres et des élèves. Les choses ont changé de face.

Après la guerre de 1870, la science française, elle aussi, s'est recueillie et a fait son examen de conscience. Elle a dû reconnaître qu'en dehors des grandes initiations, comme celle de Lavoisier, de Champollion, d'Abel Rémusat, de Burnouf, d'Ampère, de Claude Bernard, pour ne parler que des morts, elle avait souvent péché par légèreté, par ignorance, par dédain des longs et patients travaux, et sans perdre aucune de ses vieilles qualités, qui sont des qualités de race, elle en a pris de nouvelles, de celles qu'on se donne par la volonté et par l'effort, et qui sont en partie des vertus.

Elle aussi, elle a compris la nécessité de se refaire et de s'agrandir, et elle s'est refaite et agrandie. Lors de l'Exposition de 1867, M. Duruy avait fait dresser, par les hommes les plus compétents, un tableau du progrès des sciences et des lettres, dans notre pays, depuis le commencement du siècle. Je regrette qu'à propos de l'Exposition du Centenaire on n'ait pas poussé jusqu'à nos jours les lignes de ce tableau.

On aurait vu quelle a été depuis vingt ans, dans tous les ordres de recherches, histoire, érudition, archéologie, études orientales, philologie ancienne et moderne, sciences mathématiques, sciences physico-chimiques, sciences biologiques, la part de la France dans l'accroissement des sciences. Et au milieu des merveilles du Champ de Mars, c'eût été pour notre pays un titre d'honneur de premier ordre. On peut le croire à l'estime que l'Europe savante témoigne aujourd'hui pour les travaux de la science française.

Dans ce mouvement, dans ce progrès, une grande part revient aux Facultés.

Nous avons aujourd'hui à la Sorbonne la première école mathématique du monde; nous y avons aussi des écoles de naturalistes, de physiciens et de chimistes qui nous font grand honneur ; il s'y forme une école d'historiens dont nous ne tarderons pas à voir la fécondité et la portée.

De Paris, les bonnes méthodes se sont propagées partout, et partout maîtres et élèves rivalisent d'ardeur pour la science. Partout, en outre de travaux individuels souvent considérables et marquants, naissent des publications collectives qui attestent la vie des Facultés.

La Faculté des lettres de Bordeaux a commencé, il y a douze ans, avec ses *Annales*, auxquelles s'est promptement affiliée la Faculté de Toulouse. Sont venues ensuite la *Bibliothèque de la Faculté des lettres* de Lyon, qui vient de s'élargir et de s'étendre à toutes les Facultés du groupe lyonnais ; puis les *Annales de l'Est*, à Nancy ; puis celles de Bretagne, à Rennes ; puis les *Annales de la Faculté des sciences* de Toulouse, et d'autres encore, à Caen, à Poitiers, à Clermont, à Grenoble.

Un des fruits les meilleurs de cette action scientifique des Facultés sera l'organisation du travail.

Pour certaines œuvres, pour celles qui relèvent du génie, elle n'est pas nécessaire. Un mathématicien inspiré trouvera toujours des vérités nouvelles, fut-il seul au monde. Mais là où la science est le fruit de longues investigations, de recherches étendues, un homme eût-il le génie, ne peut suffire à la tâche. Il faut que les matériaux soient préparés, appareillés chacun en son lieu, chacun en son temps, pour que de leur réunion sorte plus tard l'édifice.

Jusqu'ici cette organisation, cette distribution

du travail nous avait fait défaut. Chacun travaillait pour son compte, à sa guise, sans souci du travail d'autrui et des œuvres d'ensemble. Maintenant les travailleurs d'un même ordre commencent à s'affilier et à coordonner leurs travaux.

Il y a juste huit ans, en ouvrant son cours d'histoire à la Sorbonne, M. Lavisse traçait, comme une espérance, un plan d'organisation du travail pour les historiens de la France.

« Cette organisation du travail, disait-il, se fera sans contrarier les goûts, ni gêner la liberté de personne. Les uns, se plaisant aux grandes questions générales, étudieront une période de l'histoire de la royauté française; les juristes, les difficiles questions de l'état des choses et des personnes aux différents moments de notre histoire. Rennes, Toulouse, Montpellier, Dijon, Lyon, Bordeaux, toutes nos vieilles capitales où siègent aujourd'hui nos Facultés, rajeuniront et compléteront nos annales provinciales; nous aurons des histoires d'institutions, de personnages, de villes; et ainsi par l'usage des documents connus et des travaux déjà faits, ce qui méritera de revivre revivra, ce qui n'est pas impénétrable sera pénétré. Chacun de nous sera fortifié en pensant qu'il fait partie d'une légion. »

La légion s'est formée ; elle a pris pour chef celui qui parlait ainsi, et de toutes les Facultés, elle se dispose à publier, sous sa direction, cette histoire de France complètement informée qui nous manquait encore.

A côté de la légion des historiens, il s'en est formé, il s'en formera d'autres. Nous avons déjà celle des romanistes, celle des celtisants. Nous en aurons pour les diverses périodes de notre littérature nationale, et bien des lacunes seront ainsi comblées dans l'érudition française.

IX

L'ORGANISATION
LA PERSONNALITÉ CIVILE

Parallèlement à ces changements d'ordre scolaire et d'ordre scientifique, il s'en est accompli d'autres dans l'organisation même des Facultés.

Du jour où de nouvelles tendances s'étaient manifestées en elles, le pouvoir central s'était fait pour elles plus libéral. A mesure que ces tendances se sont accentuées davantage, il en a favorisé l'expansion par une liberté croissante.

Depuis longtemps déjà, il s'inspire, à leur égard, de cette unique pensée qu'étant un service essentiellement intellectuel et moral, elles doivent être non pas un mécanisme administratif, mais un organisme vivant et personnel. Le but où il tend avec elles et pour elles est de faire de chacune d'elles en particulier, puis des groupes naturels qu'elles constituent, autant de corps animés d'une vie propre et comme d'une âme vraiment individuelle.

Il n'est pas d'acte administratif, un peu important, où n'éclatent ces intentions.

Naguère encore les Facultés n'étaient même pas maîtresses de leur enseignement. Chaque année, il leur fallait rédiger à l'avance, leçon par leçon, le programme de leurs cours. Ces programmes venaient à Paris. Ils y étaient revus et corrigés, et ils en repartaient, estampillés *ne varietur* par les bureaux. Rien de plus contraire à l'esprit de la science, qui est esprit de liberté. Aussi la première liberté donnée aux Facultés a-t-elle été la liberté de l'enseignement.

Dans ce même temps, jamais on ne les consultait sur leurs affaires. Sauf la nomination des professeurs titulaires, règlements et décisions leur tombaient d'en haut, sans qu'elles eussent été entendues. Il n'est pas surprenant qu'elles missent souvent à les exécuter quelque indifférence ou quelque langueur, et qu'étant si peu libres, elles ne se sentissent pas plus responsables.

On a changé de méthode. « Ni les arrêtés, ni les décrets, disait Albert Dumont, ne feront faire à l'enseignement supérieur de véritables progrès ; ces progrès se feront par les changements qui s'opéreront dans les idées ; la discussion seule rendra ces changements sérieux. Il faut que les corps se sentent responsables, qu'ils aient confiance dans leur autorité, qu'ils sachent dire ce qu'ils veulent et pourquoi ils le veulent ; qu'ils se connaissent ; qu'ils se critiquent ; qu'ils s'apprécient ; qu'il se forme ainsi un esprit d'activité et de progrès et que cet esprit soit assez fort pour obliger l'administration à le suivre. »

C'était le renversement des rôles traditionnels. Au lieu d'obliger les corps enseignants à mettre en œuvre ses propres idées, l'administration se donnait pour tâche de réaliser celles qui venaient d'eux, ou qui avaient leur approbation. Depuis lors, pas un projet intéressant les Facultés qui ne leur ait été soumis tout d'abord, et qu'elles n'aient discuté au grand jour, en toute liberté. Pas une de ces enquêtes qui n'ait été publiée et portée à la connaissance de ceux qu'elle intéressait.

Suscitée et soutenue de la sorte, la vie intérieure des Facultés s'était déjà manifestée, à la mort d'Albert Dumont, par des signes assez répétés et assez clairs pour que le moment parût venu d'en affermir et d'en compléter les organes. Justement, il y avait alors, au département de l'Instruction publique, un ministre d'esprit libéral et décentralisateur, M. René Goblet. Nul n'était mieux fait pour comprendre la portée d'une telle œuvre. Les Facultés lui doivent les décrets de 1885.

Il y a, dans ces décrets, deux parties bien distinctes. L'une a pour objet les Facultés considérées chacune en soi ; l'autre, entièrement inédite, est relative à leurs rapports mutuels, à leur action commune, à leur union.

L'une et l'autre dérivent d'une même pensée : considérer chaque Faculté à la fois comme un tout et comme une partie, comme un corps doué d'une vie propre, et en même temps comme un organe d'un tout collectif, encore sans nom, à la vie duquel chacune doit concourir, sans perdre son individualité.

Qu'ont fait tout d'abord les décrets de 1885 pour les Facultés prises chacune en son particulier ?

Avant tout, ils leur ont rendu la personnalité civile. Là était le vrai commencement d'une réorganisation tendant aux fins indiquées plus haut.

La personnalité civile, c'est, en effet, pour un établissement, la source de la propriété, et, par suite, une des conditions premières de l'indépendance. Guizot l'avait établi d'une façon magistrale l'année même où, par une contradiction singulière, il incorporait au budget de l'État le budget jusqu'alors indépendant de l'Université.

Depuis lors, nul n'en avait eu souci. Pourtant, il suffisait de remettre en lumière un droit fort ancien et contre lequel aucune prescription ne pouvait être invoquée. De tout temps, les Facultés avaient été investies de la personnalité civile. Elles la tenaient d'une loi organique, antérieure à leur naissance. Elles l'avaient conservée quand elles faisaient partie de l'Université. On l'avait expressément maintenue et même confirmée, en 1850, lorsqu'on supprima l'Université. Seulement, comme elle n'avait produit que des effets insignifiants, elle était tombée en désuétude. Un décret du 25 juillet 1885 la remit en lumière et la réglementa.

En même temps, il en élargit les conséquences et les effets.

Les dons et legs sont rares. On pensa que les subventions des villes, des départements et celles des particuliers pourraient l'être moins et l'on autorisa les Facultés à les recevoir, et à en faire emploi comme de biens personnels, en toute indépendance.

Ce qu'on se proposait, c'était moins encore d'accroître leurs ressources, que de multiplier les liens qui doivent les unir aux villes dont elles portent les noms, aux régions où elles sont placées, aux milieux où elles vivent. Après le mouvement d'opinion qui, depuis dix ans, se manifestait partout en faveur des hautes études, après le large concours offert par les villes pour la reconstruction des Facultés, pour la création de Facultés nouvelles, il n'était pas téméraire d'espérer qu'elles voudraient aussi contribuer à la prospérité de ces corps savants qui sont leurs, tout en étant établissements de l'État, et qu'elles rivaliseraient pour retenir les meilleurs maîtres, favoriser le développement des parties de la science dont elles peuvent le plus profiter, et compléter les enseignements de l'État par des enseignements d'un caractère plus particulier, local ou régional.

L'enseignement supérieur est une fonction de l'État. Mais c'eût été une vue étroite et fausse que de ne pas permettre aux bonnes volontés locales ou privées d'y concourir avec l'État.

Bien que de date encore récente, ces mesures ont déjà produit des effets sensibles. Outre les crédits qui leur sont ouverts par l'État sur les fonds du Trésor, les Facultés ont maintenant leur budget propre et personnel, et il n'est pas d'année qu'elles n'y inscrivent des libéralités nouvelles.

Au total, les revenus des diverses Facultés, produits des dons et legs, subventions des villes, des départements et des particuliers, se sont élevés, l'année dernière, à 203,133 francs. Sur ce chiffre, les revenus des dons et legs figurent pour 51,647 francs; le reste vient des subventions.

Dons, legs et subventions peuvent s'appliquer à tout, au matériel et au personnel, aux laboratoires et aux enseignements, aux étudiants et aux maîtres. Veut-on quelques exemples de ces subventions?

Ville de Paris : 15,000 francs de bourses dans

les diverses Facultés, un cours d'histoire de la Révolution à la Faculté des lettres, un cours de biologie générale à la Faculté des sciences.

Ville de Bordeaux : 7,200 francs de bourses ; un cours d'histoire du Sud-Ouest à la Faculté des lettres.

Ville de Lyon : subvention de 9,700 francs allouée par la chambre de commerce à la Faculté des sciences pour l'enseignement pratique de la chimie industrielle.

Ville de Marseille : subventions de la ville, du département et de la compagnie des Messageries maritimes à l'École de médecine, pour un cours de bactériologie.

Ville de Rennes : subvention de trois des départements bretons pour un cours de celtique, à la Faculté des lettres.

Ville de Toulouse : fondation par le conseil municipal d'une chaire d'espagnol, et, par le conseil général, d'une chaire de langue et littérature romanes.

Ville de Lille : rente de 20,000 francs aux Facultés « pour être employée, par leur conseil général, au mieux des intérêts de l'enseignement supérieur. »

Par ces libéralités, les pouvoirs locaux servent bien les intérêts généraux de la science, en même temps que les intérêts plus spéciaux dont ils ont particulièrement la charge, et, en aucun cas, à aucun degré, ils n'empiètent sur les attributions des Facultés. Celles-ci ont la capacité de recevoir. Mais elles restent maîtresses de refuser ou d'accepter. De plus, quand il s'agit d'enseignements nouveaux, elles ont besoin, pour accepter, de l'autorisation du ministre, et les maîtres chargés des nouveaux enseignements sont nommés par le ministre, dans les mêmes formes et sous les mêmes conditions que les autres.

Dans le même ordre d'idées, une mesure toute récente, inscrite dans la dernière loi de finances, peut être, pour les Facultés, grosse de conséquences heureuses.

Jusqu'ici, toutes les dépenses, celles du matériel comme celles du personnel, étaient payées directement par le Trésor. Un budget qui les comprenait toutes leur était ouvert chaque année, et la règle inflexible de l'exercice pesait également sur les unes et les autres. C'était un encouragement à l'emploi hâtif, souvent mauvais des crédits.

Désormais, il sera fait distinction entre le

budget du personnel et celui du matériel. Les traitements continueront d'être payés directement par le Trésor, mais les Facultés recevront sous forme de subvention les sommes mises par l'État à leur disposition pour toutes les dépenses du matériel. Si, l'exercice expiré, elles ne les ont pas épuisées, la différence restera leur propriété, et augmentera leur patrimoine.

Ainsi encouragées à l'esprit d'ordre et d'économie, sachant que ce qu'elles dépensent, c'est leur bien, nul doute qu'elles ne deviennent promptement bonnes ménagères de leurs deniers, et que par leurs vertus elles n'augmentent leurs ressources et leurs moyens d'action.

X

LA CONCENTRATION DES FACULTÉS
LES DÉCRETS DE 1885

Les franchises de la personnalité civile ne sont pas les seules qu'aient assurées aux Facultés les décrets de 1885. Ils leur ont donné aussi toute la somme de libertés scientifiques et de franchises administratives qui parut alors compatible avec l'état de leurs mœurs et leur caractère d'établissements d'État.

Scolairement et scientifiquement, une Faculté est un ensemble de maîtres voués en commun à l'enseignement et à la culture de toutes les parties d'un groupe déterminé de sciences. Tous ces maîtres ne sont pas nécessairement du même titre. Il y a les vétérans et les recrues, les professeurs titulaires nommés à vie, sur la présentation même des Facultés, et les chargés de cours et les maîtres de conférences, nommés à temps par le ministre, soit parmi les agrégés, soit parmi les docteurs.

Administrativement, professeurs titulaires, chargés de cours, maîtres de conférences et agrégés, forment deux groupes dans un même corps. L'un est l'assemblée de la Faculté : elle comprend tous ceux qui, sous un titre ou sous un autre, prennent part à l'enseignement. L'autre est le conseil de la Faculté : il se compose exclusivement des professeurs titulaires et des professeurs adjoints.

L'assemblée, c'est la Faculté enseignante, la Faculté savante. Le conseil, c'est l'établissement public, la personne morale. Aussi ne comprend-il que les éléments fixes et permanents du corps.

Assemblée et conseil ont des attributions différentes. A l'assemblée, tout ce qui regarde l'enseignement et la science ; au conseil, tout ce qui se rapporte aux intérêts matériels et moraux du corps constitué. L'assemblée délibère sur toutes les questions d'enseignement, sur celles qui lui sont renvoyées par le ministre, et sur celles dont elle se saisit elle-même, sur l'initiative de ses membres. Chaque année, elle arrête les programmes des cours et distribue les enseignements. Les attributions du conseil sont plus complexes. Il délibère sur l'acceptation des dons et legs, sur l'emploi des revenus et subventions, sur le budget de la Faculté, sur les comptes administratifs du doyen, sur le maintien, la suppression ou la transformation des chaires vacantes; il présente aux chaires dont la vacance a été déclarée; il fait les règlements destinés à assurer l'assiduité des étudiants; il règle les conditions des concours entre les étudiants; enfin, il statue sur les affaires de scolarité.

Assemblée et conseil font leurs règlements intérieurs et se réunissent soit sur la convocation du doyen, soit sur la demande du tiers de leurs membres. Tout membre de l'assemblée ou du conseil a le droit d'émettre des vœux sur les questions qui se rattachent à l'ordre d'enseignement auquel appartient la Faculté.

Le chef de la Faculté est le doyen. Ses attributions sont multiples et dérivent les unes de ce qu'il y a de personnel dans la constitution des Facultés, les autres de leur rapport nécessaire à l'Etat.

C'est comme représentant légal de la Faculté même, que le doyen préside l'assemblée et le conseil et exécute leurs délibérations, quand elles n'ont rien de contraire aux lois et règlements. C'est encore à ce titre qu'il accepte les dons et legs, exerce les actions en justice et administre les biens de la Faculté. Mais c'est comme représentant de l'État qu'il engage les dépenses payées par l'État, qu'il règle le service des examens, assure l'exercice régulier des cours et conférences et veille à l'observation des lois et règlements.

Aussi tient-il ses pouvoirs à la fois de la Faculté et du ministre. C'est la Faculté qui le présente; c'est le ministre qui le nomme.

Les dispositions les plus neuves et les plus importantes des décrets de 1885 ont trait aux rapports des Facultés entre elles, à leurs intérêts et à leurs devoirs communs, à leur rapprochement organique en un seul et même corps.

C'était vraiment un état contre nature que l'état de dispersion, d'isolement et de juxtaposition où elles vivaient depuis leur origine. Qui dit Facultés dit les puissances d'une même âme. Pour âme, on leur avait donné l'unité tout extérieure d'une administration commune. Elles commençaient à sentir que ce n'était plus assez, et à réclamer un autre état légal qui leur permît de concentrer et de coordonner leurs forces pour le plus grand profit de l'enseignement et de la science.

On leur avait, en 1883, posé la question suivante : Y a-t-il lieu de constituer les Facultés en Universités analogues à celles de l'étranger ? En majorité, elles avaient répondu : « Oui; » quelques-unes avec une ardeur de conviction qui montrait bien qu'elles sentaient la dignité, les avantages et aussi les obligations d'une telle constitution. Le gouvernement ne crut pas que le moment fût venu de déférer à ce vœu. Il lui parut que ni l'opinion publique, ni les Facultés elles-mêmes n'y étaient assez préparées.

La vieille Université, celle de 1808, celle qui contenait en un vaste et unique réseau tous les établissements d'instruction : pensions, collèges, lycées et Facultés, avait cessé légalement d'exister en 1850. Mais, pour l'opinion publique, elle subsistait toujours et, dans le langage courant, elle personnifiait l'enseignement de l'État, par opposition à l'enseignement libre et privé.

L'apparition soudaine d'Universités régionales, à Paris, à Lyon, à Bordeaux, à Montpellier, ailleurs encore, n'eût-elle pas semblé un démembrement de l'enseignement national, qu'une tradition déjà lointaine représentait comme un et indivisible, à l'image de l'État lui-même ? Peu familier, comme on l'était encore, en dehors des Facultés, avec cette conception nouvelle, n'y eût-on pas vu une dérogation aux principes généraux de notre droit public, et un retour vers un ordre d'institutions disparues avec l'ancien régime ?

D'autre part, en demandant à être formées en Universités, les Facultés ne se laissaient-elles pas aller à un entraînement théorique ? Et offraient-elles, comme fondement de ce nouvel état, des mœurs assez solides et assez éprouvées ?

« Qu'elles soient des corps indépendants ou des établissements d'État, universités anglaises et universités allemandes, disait l'exposé des motifs présenté au Conseil supérieur à l'appui du décret du 28 décembre 1885, elles ont toutes également ce trait essentiel d'être des corporations, d'avoir une tradition et un esprit communs. Or ceci est beaucoup moins l'œuvre de la législation que celle du temps. En pareille matière, surtout lorsqu'il s'agit non pas de créer de toutes pièces, sur une sorte de table rase, des institutions nouvelles, mais de transformer des institutions déjà vieilles, la loi suit les mœurs plutôt qu'elle ne les suscite, et ce serait une imprudence peut-être irréparable que de vouloir donner prématurément une forme légale à une réalité encore latente et indécise. Le désir des Facultés est manifeste ; leur bonne volonté n'est pas douteuse. Mais les mœurs, sans lesquelles la vie universitaire serait une fiction et une illusion, sont-elles assez formées pour appeler dès aujourd'hui la sanction de la loi? Le jour où l'État constituera des Universités, il se dessaisira pour elles d'une partie de ses attributions... Doit-il le faire avant qu'une expérience décisive l'ait pleinement justifié ? Et n'est-ce pas pour les futures Universités une meilleure condition de succès et un gage plus assuré de durée que de venir à leur heure, appelées et commandées par la force des faits, au lieu de sortir subitement du sein d'une loi abstraite? »

On ne fit donc pas les Universités, mais on opéra, dans chaque centre académique, un groupement organique des Facultés. On les rapprocha ; on les solidarisa ; on leur remit le soin de leurs intérêts généraux ; on les appela à vivre, en outre de leur vie propre, d'une vie commune à toutes ; et, pour organe de cette vie, au-dessus de leurs conseils particuliers, on leur donna un conseil général, sorte de sénat universitaire, procédant presque tout entier de l'élection, composé des doyens et des représentants de chaque Faculté et présidé par le recteur de l'Académie, représentant de l'État et gardien de la loi.

Les attributions de ce conseil sont d'ordre scolaire et scientifique, d'ordre administratif et financier, et d'ordre disciplinaire.

Le rapporteur du décret de 1885, au Conseil supérieur de l'Instruction publique, M. Couat, les caractérisait ainsi : « L'autonomie des Facultés isolées ne présenterait que peu d'avantages et pourrait même être un danger, si elle n'avait pour conséquence et pour correctif le contrôle, dans de sages limites, des Facultés voisines, et, entre toutes les Facultés d'un même ressort, une juste réciprocité de services et de sacrifices. Pour créer entre les Facultés ces relations indispensables à l'autorité des professeurs, devenus par là même membres d'une association puissante et respectée, profitable aux étudiants compris tous ensemble sous une seule juridiction, utile au progrès de la science, qui ne peut que gagner à cet échange continu de rapports, de devoirs et de travaux entre ceux qui enseignent, il fallait faire un partage très délicat d'attributions. »

« Il a paru qu'il y avait, à côté des intérêts particuliers de chaque enseignement et de chaque Faculté, des intérêts communs à l'enseignement tout entier, et que, par suite, la charge de veiller à ces intérêts devait être confiée au conseil général des Facultés. C'est lui qui maintiendra les règlements des études ; c'est lui qui coordonnera les programmes des cours et en assurera l'harmonie ; c'est lui qui sera consulté sur les services communs, tels que la bibliothèque et les collections ; c'est lui qui proposera au ministre la répartition des crédits entre ces services ; il aura en outre des attributions disciplinaires qui feront de lui, en face des étudiants, la représentation effective de tout le corps enseignant ; enfin, par les vœux qu'il sera autorisé à émettre sur les créations nouvelles, par les rapports qu'il devra présenter chaque année, par les avis autorisés qu'il pourra donner sur les chaires à supprimer ou à transformer, il sera le gardien de l'ordre dans les études, et, dans la discipline, le défenseur des droits de chacun ; et, s'il veut bien comprendre toute l'étendue de sa mission, le promoteur des changements heureux et des nouveautés hardies. »

Naturellement, toutes ces espérances ne se sont pas réalisées partout au même degré. Il est des conseils généraux qui se sont plus attachés à la lettre qu'à l'esprit de leur rôle. Il est des Facultés qui ne se sont pas pliées sans déplaisir à ce partage d'attributions, ni franchement soumises à cette subordination. Il en est où l'esprit particulariste ne s'est pas fondu dans un esprit plus large, mais il en est d'autres aussi où la fusion s'est faite presque instantanément.

Je ne les nommerai pas ; mais elles se reconnaîtront bien. Ce sont celles où l'esprit commun, l'esprit de la science préexistait à l'état latent. Aussi, à peine pourvu d'organes, s'est-il immédiatement dégagé, manifesté, et, de ce qui la veille était membres disjoints, a-t-il fait un tout homogène et vivant. Celles-là, il sera facile de les discerner le jour où les pouvoirs publics estimeront que l'expérience instituée par les décrets de 1885 est assez concluante pour justifier la création d'Universités véritables.

XI

LA CONCENTRATION DES ÉTUDIANTS

Concentration des maîtres au sein de chaque Faculté, concentration des diverses Facultés dans chaque ressort académique, voilà les deux phénomènes principaux de l'enseignement supérieur en ces dernières années. En même temps s'opérait spontanément, en dehors de l'enceinte des Facultés, une autre concentration, celle des étudiants.

Il y a quelque temps, le père Didon écrivait ceci, au retour d'un voyage aux Universités allemandes : « Dans mon patriotisme attristé, je songeais à la jeunesse de mon pays ; je me demandais pourquoi elle ne se montrait pas, elle aussi, à la façon de la jeunesse allemande, rangée en bataille sous le drapeau de la vraie science, autour des monuments de nos gloires ou au pied de quelque statue en deuil de nos provinces perdues, et je cherchais en moi-même ce qui pourrait, dans un avenir prochain, en faire une grande famille dans le large culte de la vérité, de la liberté et de la patrie. »

Quel changement en quelques années. Et de quel patriotisme joyeux l'éloquent dominicain qui écrivait ces lignes a dû voir la jeunesse française partout se former en familles.

Naguère encore elle vivait éparpillée, se rencontrant seulement, mais presque toujours sans se lier et même sans se connaître, sur les bancs de l'école. Si parfois elle s'agglomérait, dans un élan d'enthousiasme ou de colère, ce n'était que pour un jour; et, le feu tombé, elle s'émiettait de nouveau.

Aujourd'hui elle fait corps et se tient.

Et ceux qui ont quelque chose à faire passer dans son âme savent où la rencontrer.

Partout où il y a des Facultés et des écoles d'enseignement supérieur, partout, presque à la même heure, sous l'influence de besoins et d'instincts analogues à ceux qui rapprochaient les maîtres, elle s'est unie et associée. Et nous l'avons vue, avec ses bannières et ses emblèmes, aux funérailles triomphales de Victor

Hugo, au pied de la statue de Claude Bernard, à la tombe de Quinet, à celle de Michelet, au centenaire de Chevreul, à l'Institut Pasteur, enfin, à l'inauguration de la nouvelle Sorbonne.

On l'a vue aussi à l'étranger ; pour la première fois, depuis des siècles, elle a franchi la frontière ; et, au huitième centenaire de l'Université de Bologne, elle a porté avec grâce et fierté le drapeau de la France. Nous l'avons retrouvée hier, telle que nous l'aimons, telle que nous la souhaitions, au centenaire de l'Université de Montpellier. Et désormais nous la verrons partout où sera célébrée une fête de la science ou une fête nationale. En quelques années, elle a pris et marqué sa place dans le pays.

Souhaitons bonne et longue vie à ces associations d'étudiants. Elles sont un des espoirs de la France. Elles ont pour liens des sentiments fort divers et d'ordres inégaux, le plaisir et les jeux en commun, l'assistance réciproque, la solidarité intellectuelle et le patriotisme. Que ces sentiments ne s'y mêlent pas partout en mêmes doses, en mêmes proportions, il n'importe. Telles qu'elles sont déjà, elles peuvent rendre et elles rendent de très sérieux services au pays.

Remarquez tout d'abord leur nom et leur constitution : *Association générale des étudiants* de Paris, de Lyon, de Toulouse ou de Montpellier. Ce ne sont pas de petits groupes formés d'après la similitude soit des études, soit des origines, soit des conditions sociales, soit des sentiments religieux, soit des opinions politiques. C'est, dans chaque centre, un groupe unique, ouvert à tous.

Ce ne sont pas, comme en Allemagne, des *corps* ayant chacun son symbole et sa formule. C'est, dans chaque ville, un seul corps, ayant pour symbole unique et pour formule souveraine, la science et la patrie. Ce ne sont pas des *nations*, comme autrefois dans la vieille Université de Paris. C'est, dans l'école, la nation elle-même, une et multiple tout ensemble.

Rien qui répondît mieux aux besoins de notre société que cette constitution qu'ont prise spontanément les associations d'étudiants. Ceux qui les créèrent sentirent que dans ce pays, ce qu'il faut, ce ne sont pas des séparations nouvelles, mais des unions nouvelles. La jeunesse en particulier, surtout depuis la loi de 1850, n'était que trop divisée. Elle allait comme deux cours d'eau qui à aucun instant ne se mêlent. Les associations d'étudiants ont été pour elle un confluent.

Il n'est pas possible que les jeunes hommes qui s'y réunissent, qui y vivent ensemble, l'âme et le cœur à découvert comme on est à vingt ans, ne finissent pas par voir tout ce qu'il y a de mort et d'usé dans les formules qui divisèrent leurs pères, et qui les diviseraient encore eux-mêmes, et par comprendre qu'au-dessus de l'égoïsme des partis, des écoles et des églises, il est d'autres formules assez larges, assez compréhensives pour unir tous les esprits et toutes les volontés dans un commun amour de la vérité et de la patrie.

Ne l'ont-ils pas déjà compris ? Voici ce qu'en les présentant, un soir de l'an dernier, à un hôte illustre, Emilio Castelar, disait d'eux l'homme de France qui a mis en eux le plus de son être, M. Lavisse : « S'ils sont divisés sur quelques sujets, ils sont unis en des points essentiels. Ils aiment la liberté résolument, sans théorie, comme un état naturel et nécessaire. Si les passions politiques semblent s'éteindre en eux, c'est, je crois, parce qu'ils sont arrivés, en politique, à la période de la raison, mais d'une raison très ferme et qui sait se fâcher quand il faut ; elle se fâche même très vite. A la première apparence du danger qu'a couru la liberté, ils se sont émus... Ce fut la première démonstration publique que leur scepticisme n'est pas un état d'indifférence. »

« Plus vif et plus intense encore est chez eux le sentiment national. La France est aimée par eux comme elle doit être aimée, à la fois d'instinct et par réflexion. Ils ont le patriotisme des braves gens, celui qui ne raisonne ni ne transige. Ils en ont un autre que j'appellerai philosophique. Ils aiment la France parce qu'elle est libre, parce qu'elle est généreuse, parce qu'elle fait effort vers la justice, la justice au dedans, la justice au dehors, c'est-à-dire en définitive la paix des peuples ; mais je dois vous dire que s'il est parmi eux des cosmopolites à la mode d'autrefois, ils sont rares. »

Mais là n'est pas l'unique office, l'unique service des associations d'étudiants. Depuis longtemps déjà, notre société a cessé d'être une hiérarchie de classes superposées, subordonnées. Elle tend chaque jour davantage à devenir un système de groupes naissant spontanément, et répondant chacun tantôt à un intérêt, tantôt à une idée, tantôt à une passion. Tous ces intérêts, toutes ces idées, toutes ces passions ne sont pas du même ordre, ni du même degré. Pour qu'au milieu de ces groupes dure la paix sociale, il faut qu'entre eux l'équilibre s'établisse, et pas plus dans la statique sociale que dans la statique des corps, il n'y a d'équilibre que si chaque poids a son contrepoids, chaque force, sa force, je ne dis pas antagoniste, mais opposée. Il est donc nécessaire que pendant qu'il se forme par en bas de nombreux groupements, il s'en forme d'autres par en haut. Les associations d'étudiants sont de ceux-là. Elles reposent sur des idées qui sont des forces montantes.

Ce sont aussi, dans une certaine mesure, des forces d'expansion. On l'a bien vu, naguère, à l'inauguration de la nouvelle Sorbonne, où la jeunesse du monde à peu près tout entier, répondant à l'appel des étudiants de Paris, unissait ses bannières au drapeau de la France. Il y a eu là un élan indescriptible de fraternité universelle. On vient de le revoir au centenaire de l'Université de Montpellier, où s'est reproduit le même élan, avec plus de chaleur encore.

Gardons-nous de toute illusion dangereuse.

Ce ne sont pas nos associations d'étudiants fraternisant avec les étudiants étrangers, qui noueront des alliances et qui modifieront d'un jour à l'autre le cours de la politique. Mais elles noueront des amitiés et c'est déjà quelque chose que, d'un pays à l'autre, la jeunesse se connaisse, s'aime et s'estime. Les jeunes gens d'aujourd'hui ne seront-ils pas les directeurs de demain ?

Ainsi, nos Facultés sont devenues ce que tous ceux qui aiment leur pays rêvaient de mieux pour elles ; des foyers de science et des foyers d'esprit national. Maîtres et élèves y ont pris une conscience collective de leur rôle et de leurs devoirs, et ces deux consciences, unies, quoique distinctes, s'éclairent et s'élèvent l'une par l'autre. Est-ce à dire que l'évolution de notre enseignement supérieur soit terminée? Non, assurément. Il lui reste encore une phase décisive à accomplir. Mais le but où elle tend apparaît maintenant avec clarté, ainsi que les chemins par où il sera atteint.

XII

POURQUOI IL FAUT DES UNIVERSITÉS
RAISONS SCIENTIFIQUES

La phase décisive et dernière qu'ont encore à traverser les Facultés est la constitution d'un certain nombre d'Universités. Là est l'aboutissant organique et nécessaire de leur évolution.

Ce que tous les ouvriers de leurs progrès, en elles-mêmes et hors d'elles-mêmes, n'ont cessé de voir au bout de leurs efforts, avec une clarté croissante, à mesure que se développait cette épigenèse que nous avons décrite, ce sont ces communautés savantes où s'enseigne, se cultive, se perfectionne et s'accroît la science dans son ensemble, ateliers divers, sans doute, appliqués à des besognes différentes, mais largement ouverts les uns sur les autres, coordonnés les uns aux autres, desservis par le même arbre de couche et recevant tous la même impulsion de la même force motrice.

Il y a bien des raisons pour que la France, elle aussi, ait enfin des écoles de ce genre. J'indiquerai seulement les principales.

La première est d'ordre international. Partout, l'enseignement supérieur a pris la forme universitaire. Il y a des Universités dans les pays de toute race; chez les plus petits peuples comme chez les plus grandes nations, dans le nouveau monde, comme dans l'ancien; il y en a même au Japon, partout, en un mot, où a pénétré la civilisation occidentale, partout, sauf dans le pays où elles ont pris naissance et où la formule en a été renouvelée à la fin du xviiie siècle.

Aussi quand de l'étranger on nous dit : Université, nous répondons : Académie; et l'on ne nous comprend pas; et nous faisons l'effet de gens qui auraient inventé le système métrique et seraient les seuls à ne pas s'en servir.

Ou bien, il nous faut employer un vocable illégal et dire : l'Université de Paris ou l'Université de Lyon, alors qu'il n'y a d'Université ni à Lyon, ni à Paris. Et c'est une nécessité si impérieuse qu'elle s'impose même dans les harangues les plus officielles. Ainsi, à l'inauguration de la nouvelle Sorbonne, M. Gréard n'a pu s'y soustraire, et pour désigner, sans périphrase obscure, cet être complexe formé de cinq Facultés, à la tête duquel il est placé et à la cohésion duquel il contribue si puissamment tous les jours, il lui a bien fallu dire, en dépit de la loi : l'Université de Paris.

Non seulement on ne nous comprend pas à l'étranger, quand nous parlons de nos Académies et de nos Facultés isolées, mais comme ces noms n'ont pas cours hors de chez nous, on les ignore. On connaît dans toute l'Europe savante et dans tout le monde civilisé, la Sorbonne, l'École de médecine et l'École de droit de Paris, l'École normale et l'École polytechnique. On ne sait pas, ou l'on sait rarement qu'il y a des écoles de haut enseignement ailleurs qu'à Paris. Un étudiant suisse arrivait il y a quelque temps à Paris. On lui demande pourquoi il n'est pas allé de préférence à Lyon, à deux pas de chez lui. « A Lyon? répondit-il, mais il n'y a pas d'Université. »

Il avait raison. A Lyon, il n'y a que des Facultés, admirablement installées, comptant ensemble cent dix maîtres et dix-sept cents élèves, c'est-à-dire plus que n'en ont les trois quarts des Universités allemandes.

Ce n'est pas par simple esprit d'imitation que, l'une après l'autre, toutes les nations civilisées se sont donné des Universités, et ne se sont pas contentées, comme nous, depuis un siècle, de Facultés isolées et d'écoles spéciales. Il y a à ce phénomène général des raisons plus profondes, les unes d'ordre scientifique, les autres d'ordre public.

La forme universitaire qui unit en un même faisceau toutes les branches du savoir humain, comme sont unies en fait toutes les puissances de l'esprit et tous les phénomènes de la nature, est pour le développement et le progrès de la science, un milieu autrement favorable que des Facultés séparées.

La Faculté isolée ne s'ouvre que sur un côté de la science et des choses. Dans le savoir total, elle ne voit que le fragment qui est sien. Du reste, elle ne prend ou ne reçoit que ce qui peut contribuer à son objet. Il en résulte fatalement qu'elle est spécialiste et professionnelle et que la rigidité est pour elle un état inévitable, et souvent aussi la stérilité.

Fréquemment, en effet, sauf dans les mathématiques, ce n'est pas du dedans d'une science constituée que sortent les germes par lesquels elle se développe et se renouvelle, mais des alentours, des sciences circonvoisines. Voyez la médecine. C'est d'elle-même qu'elle a tiré l'auscultation. Mais, c'est d'ailleurs, de la chimie, de la physique, de la biologie que lui sont venues les méthodes expérimentales, qui pénétrant en elle, souvent malgré elle, en ont changé la face. Voyez aussi le droit. Longtemps la méthode en avait paru fixée d'une façon immuable, sur un type géométrique. Il s'y fait cependant, depuis un certain temps, de notables transformations sous l'influence de l'esprit historique. Mais, ce n'est pas du droit lui-même, c'est d'ailleurs qu'a soufflé cet esprit.

Et puis, n'est-il pas dans le savoir humain des parties aux frontières indécises, comme la géographie, l'histoire, la philosophie elle-même, qu'on peut traiter tantôt comme une section des lettres, tantôt comme un chaînon des sciences?

Les placer à demeure fixe, en vertu d'une organisation conventionnelle, soit à la Faculté des lettres, soit à la Faculté des sciences, n'est-ce pas les condamner à d'inévitables arrêts de développement?

Enfin, sur les confins des sciences se rencontrent parfois les coins les plus fertiles. C'est là que se forme, comme dans la dépression des vallées, l'humus le plus fécond. C'est là souvent que germe et que pousse avec le plus de vigueur la moisson nouvelle. Dans le régime des Facultés isolées, il n'y a pas, il ne peut pas y avoir de ces coins-là.

Tout autre est la forme universitaire. L'idéal serait qu'elle fût modelée sur la classification naturelle des sciences. Nulle part il n'en est ainsi, parce que partout elle s'est développée historiquement. En France, pas plus qu'ailleurs, il n'en sera ainsi, parce que les facteurs dont se feront les Universités sont donnés depuis longtemps.

Mais dans l'Université, les Facultés, tout en restant individuelles, ne sont plus compartiments étanches et impénétrables. Comme ceux des fruits cloisonnés, ces compartiments distincts ont des parois communes et perméables, et tous s'ouvrent sur le même cœur. Aussi est-ce de l'un et à l'autre un échange perpétuel, une exosmose et une endosmose incessantes. Tout ce qui se passe dans l'un retentit dans les autres; rien de ce qui surgit de nouveau dans l'un n'est perdu pour les autres. Ainsi agencées, toutes les parties réagissent les unes sur les autres, les mathématiques sur la physique, la physique sur la chimie, la chimie sur la biologie, les sciences de la nature sur les sciences de l'esprit, les sciences proprement dites sur l'art et la littérature.

Les milieux les plus propres à l'éclosion et à la diffusion des idées nouvelles sont sans contredit ces *studia generalia*, comme nos anciens appelaient leurs Universités, d'où n'est absent rien de ce qui peut être objet de savoir et de recherche, et d'où se dégage l'esprit complet et vivant de la science.

Nul milieu également qui soit plus propre à la culture des esprits.

Sans doute, plus nous allons, plus le travail se divise et se subdivise. Le temps de l'éducation encyclopédique est passé, et l'éducation intégrale est une chimère. Mais si la division du travail s'impose chaque jour davantage, avec elle s'impose aussi de plus en plus la nécessité d'ouvrir aux jeunes esprits, avant l'heure de la spécialisation inévitable, le spectacle total de la science, si l'on veut qu'ils soient autre chose que des manœuvres intellectuels, et qu'ils comprennent la dignité de leur œuvre particulière, en sachant par quels liens elle se rattache au tout, et de quel esprit général elle procède.

Personne ne le contestera pour les apprentis savants, pour ceux dont ce sera la mission d'ajouter quelque chose à la science. Ce n'est pas plus contestable pour ceux qui ne demandent à l'enseignement supérieur que les connaissances nécessaires à l'exercice d'une profession déterminée.

Il faut qu'ils reçoivent la dose de savoir dont ils auront pratiquement besoin. Mais il faut aussi qu'ils emportent de l'école cette conviction qu'au-dessus de ces savoirs spéciaux et particuliers, il y a un esprit commun auquel tout aboutit et duquel tout dérive. Or cela, la Faculté isolée ne peut le fournir sûrement. Elle enseigne le droit, la médecine, les sciences et les lettres; mais elle tient les esprits comme entre deux murs et ne leur laisse apercevoir qu'un segment de la réalité. Seule, l'Université qui enseigne tout, peut, sans cependant appeler les esprits à tout apprendre, leur donner la vision de la science entière, et leur faire sentir, au-dessus des divers départements du savoir, leur coordination et leur unité.

L'Université est pour le progrès de la science et pour la culture supérieure de l'esprit l'appareil le plus parfait, parce qu'elle est, comme la science et comme l'esprit, une et multiple tout ensemble.

XIII

POURQUOI IL FAUT DES UNIVERSITÉS RAISONS NATIONALES

Les Universités ne sont pas seulement des foyers de science. Elles sont aussi des écoles d'esprit public. De tout temps, les politiques les ont tenues pour telles. Vers la fin de la guerre de Cent ans, il était fondé des Universités, par les Anglais, à Bordeaux et à Caen, pour combattre l'influence française. Plus tard, il en était fondé une, à Douai, par Philippe II d'Espagne, pour un semblable objet. De nos jours, l'Allemagne n'a pas eu de souci plus pressant, à peine les remparts de Strasbourg agrandis, que d'élever derrière eux une vaste Université, comme une forteresse avancée contre l'esprit de la France. Elle savait par expérience ce que peuvent les Universités sur les esprits, et comment elles contribuent à former l'âme des nations. C'est depuis longtemps, dans ce pays, une opinion populaire que « l'Université fait partie du génie de l'Allemagne, et que partout où la vie allemande réussit à s'organiser, elle porte avec elle ses hautes écoles. »

Les manifestations de cet office national varient sans doute suivant les pays et suivant les époques ; mais toujours elles consistent à mettre dans la jeunesse un idéal commun, à lui inspirer collectivement des façons de penser et de sentir qui soient à la fois un lien et une force.

Cela, on ne saurait l'attendre au même degré des Écoles spéciales et des Facultés solitaires. Quand elles créent un esprit collectif, c'est l'esprit de corps, et l'esprit de corps, si large qu'il puisse être, est exclusif et incomplet. Si l'École normale fait exception, cela tient précisément à ce qu'elle est un microcosme scientifique, où vivent mêlés des philosophes, des historiens, des littérateurs et des savants. Mais il n'y a pas en France que ses cent trente élèves. Il y a les seize mille jeunes gens qui s'ouvrent à la vie d'homme dans les Facultés. Pour ceux-là, qui seront en majorité les cadres de demain, il importe au plus haut degré, surtout par ce temps de démocratie, d'être élevés au large, dans la vive atmosphère de la science, et non dans l'air confiné d'un compartiment du savoir.

« L'organisation de notre haut enseignement est vicieuse, a écrit le père Didon dans son livre sur *les Allemands;* elle produit fatalement la division dans l'ordre intellectuel; et, par voie de conséquence, dans l'ordre politique et social. Tant que cette organisation ne sera pas réformée, nul progrès, nul essor puissant n'entraînera le pays dans des voies nouvelles et meilleures. »

Il y a, dans ces paroles, un grand fonds de vérité. Ce n'est pas qu'il faille s'en remettre aveuglément à la science du soin de pacifier et de rapprocher les esprits. Dans cette œuvre nécessaire, la science, j'entends la science positive, celle qui est constituée d'une façon définitive, peut beaucoup; mais elle ne peut pas tout, et encore faut-il qu'on se rende un compte exact de ses effets et qu'on n'ait pour elle qu'une foi sans idolâtrie.

Une première illusion serait de croire que, par une sorte de vertu naturelle et irrésistible, la science met l'unité dans les esprits par cela seul qu'elle y pénètre.

Par essence, elle est unité. Elle ramène à des lois de plus en plus générales un nombre sans cesse croissant de phénomènes divers. Pour les sens, le monde est un ensemble de choses dissemblables et irréductibles. Pour la science, toutes ces choses se résolvent les unes dans les autres, la mécanique dans les mathématiques, la physique dans la mécanique, la chimie dans la physique. Partout où elle s'étend, elle porte avec elle l'unité. Le fait qu'elle a saisi a désormais sa place, une place fixe et immuable, dans le système universel des rapports et des lois. Il peut sembler qu'en entrant dans les esprits elle doive exercer sur eux son office naturel, et de plusieurs et divers qu'ils sont, les faire concordance et unité.

Mais cette unité qu'elle semble mettre partout, elle ne la crée pas; elle la trouve. Elle en est la conséquence et l'expression, non le principe et l'origine. Si elle fait rentrer dans des lois communes les phénomènes les plus divers, c'est qu'au fond ces phénomènes sont semblables et dépendent des mêmes lois. Les esprits, au contraire, et par esprits j'entends surtout les volontés, ont ceci de particulier qu'ils n'obéissent qu'aux lois qu'ils se donnent eux-mêmes ou qu'ils acceptent, et qu'ils sont à leur gré discordants ou concordants. Leur intégration scientifique, si elle était possible, serait leur anéantissement.

Ce serait une autre illusion que d'attendre des doctrines scientifiques l'idéal national et social qui seul pourrait, au-dessus des formules desséchées du passé, dont il n'y a plus qu'à secouer la poussière, rallier les esprits et les volontés dans une formule supérieure et plus large.

Il faut soigneusement distinguer entre les doctrines et l'esprit de la science. Les doctrines, ce sont des conceptions générales où se résume à un instant donné, et pour un temps donné, une masse donnée d'observations et de connaissances de détail. Il y a un ou deux siècles, c'étaient les tourbillons, le phlogistique, les créations successives. Aujourd'hui, c'est le déterminisme universel, l'unité des phénomènes, l'évolution du cosmos et la transformation des êtres particuliers; c'est enfin la concurrence vitale, avec la défaite et la disparition des faibles, la victoire et la survivance des forts.

Appliquées aux choses morales et sociales,

ces doctrines aboutissent fatalement à une conception de ces choses, où les actes se lient et s'enchaînent dans un déterminisme aussi rigide que paraît l'être celui de la nature, où tout ce qui apparaît sort, qu'on le sache ou non, d'antécédents déterminés, où l'homme n'a que le jeu que lui mesurent sa force musculaire et sa force cérébrale, où tout s'évalue en travail mécanique, où, partant, la force remplace le droit comme raison des événements, où le faible est vaincu d'avance et par défaut originel, où il n'y a ni liberté, ni vertu, ni justice, ni pitié.

Ce n'est pas à cette école du laisser-faire et du laisser-passer moral qu'il faut élever notre jeunesse, si nous voulons qu'elle vive et qu'elle agisse.

C'est pour cela, précisément, qu'il faut l'élever dans la pleine clarté de la science, car seule la science peut redresser les mirages qu'elle occasionne. Elle connaît ses pouvoirs, mais aussi ses limites. Elle sait que ses théories générales sont des conceptions provisoires, non des axiomes ou des dogmes, et, qu'en dehors d'un certain domaine, elles ne peuvent qu'égarer. Elle sait aussi qu'elle n'atteint que des faits et des lois, c'est-à-dire des faits encore, mais que le fond des choses lui échappe. Elle sait encore que dans les faits eux-mêmes il en est, ceux qui nous importent et nous touchent le plus, les faits de l'ordre moral et de l'ordre social, qui ont de tout autres lois que les phénomènes mécaniques. Elle ne confond pas la nécessité qui s'impose avec l'obligation qui s'accepte, et, se connaissant elle-même, elle n'entreprend pas sur la conscience.

Aussi plus notre esprit public paraît enclin à s'imprégner d'idées aux apparences scientifiques, plus on s'inspire dans les choses de la politique et de la société d'analogies ou de métaphores tirées des choses de la science, plus il importe, à l'âge où la jeunesse fait ses convictions, qu'elle vive dans des milieux où circulent librement tous les courants de la science.

C'est là, en effet, que les esprits s'affranchissent avec le plus de facilité, qu'ils se forment le mieux à la réflexion personnelle et s'habituent le plus sûrement à ne pas prendre « la paille des mots pour le grain des choses ». C'est là qu'ils peuvent le mieux acquérir les méthodes précises, et, avec elles, cette information générale et cette droiture de jugement qui dépouillent les réalités des apparences ; là encore que, s'appliquant chacun à un ordre particulier de travaux, mais vivant tous au même air, dans un air où se mêlent aux connaissances positives les idées et les sentiments qui viennent de la philosophie, de l'histoire, des lettres et des arts, ils peuvent, plus facilement que dans la demi-claustration et dans le demi-jour des écoles particulières, échapper aux préjugés d'origine, de classe et de métier, et se faire en commun une conception des hommes, des choses et de la vie. Tout les y excite et rien n'y fait obstacle.

Tout les excite aussi, et la science, et l'histoire, et la philosophie, à ces énergies intérieures qui sont dans les individus le support des personnes, et dans les peuples celui des patries. Dans ces libres milieux où tout se reflète, le passé et le présent, le vrai et le beau, la patrie et l'humanité, où flottent aussi les germes de l'avenir, tout leur présente aux yeux les divers aspects de la dignité de l'homme, ses devoirs et ses responsabilités.

La belle charte intellectuelle et morale qu'on pourrait écrire pour nos Universités futures !

Aux Universités, les jeunes Français prendront les connaissances nécessaires à chacun d'eux pour exercer avec compétence et dignité la profession qu'il aura choisie ; mais ils apprendront aussi que ces connaissances ne sont que le fragment d'un tout, et qu'au-dessus d'elles il y a des idées générales auxquelles il faut s'élever pour penser par soi-même et librement.

Ils seront jeunes, parce qu'il est contre nature d'être vieux à vingt ans. Ils seront gais, parce que la gaieté est saine et parce qu'elle est française. Ils aimeront la vie, parce que la vie est bonne, et que le pessimisme n'est pas de leur race.

Ils apprendront que la science n'est pas la conscience, que l'esprit n'est pas la volonté, et que la volonté ne se règle pas de la même façon que l'esprit.

Ils apprendront qu'ils ont des devoirs envers leur patrie, le devoir militaire d'abord, puis le devoir civique.

Ils apprendront que leur patrie est un être vivant, qui ne peut vivre que par eux comme elle a vécu par leurs pères, qu'elle sera ce qu'ils voudront qu'elle soit, ce qu'ils seront eux-mêmes, faible s'ils sont faibles, forte s'ils sont forts ; qu'elle cesserait d'être s'ils venaient à s'abandonner ; et qu'au contraire elle continuera dans le monde sa mission de justice, de liberté et d'humanité, s'ils ont eux-mêmes la claire conscience de cette destinée et les énergies nécessaires pour en assurer le développement.

Ils apprendront aussi qu'ils ont des devoirs envers la démocratie, qu'ils doivent l'aimer, l'éclairer, la servir, sans défaillance et sans bassesse, et que, s'ils sont les plus instruits, c'est pour être les meilleurs, et que les meilleurs sont les plus obligés.

Ils apprendront encore qu'il y a des devoirs sociaux ; que, dans la société, la nature et l'histoire n'ont pas fait à tous les parts égales, mais que les mieux partagés doivent aux autres bienveillance, allègement et justice.

Voilà ce qu'ont mis dans ce mot, Universités, tous ceux qui l'ont pris pour mot de ralliement. C'est beaucoup d'idéal. Je n'en disconviens pas, car de l'idéal il en faut, et il en faut beaucoup, en tout pays, dans l'éducation de la jeunesse. Mais c'est moins d'utopie qu'on ne serait peut-être tenté de croire.

Qu'on se reporte aux précédents chapitres, que l'on compare l'état passé de nos Facultés à leur état présent. Entre ce qu'elles étaient il y a quinze ans et ce qu'elles sont aujourd'hui, le contraste est saisissant.

Elles ne vivent plus isolées ; elles font corps. En elles est né le sentiment de la solidarité intellectuelle et scientifique. Les décrets de 1885 ont été le produit de ce sentiment à sa naissance, et ils l'ont fortifié. Nos conseils généraux des Facultés ne diffèrent que par le nom des sénats des Universités étrangères. Comme ceux-ci, ils sont des organes d'unité. En fait, les Universités existent, et quand la loi interviendra, ce sera non pour créer, mais pour confirmer et sanctionner.

Toute cette affaire aura été menée avec méthode et esprit de suite. Pour peu qu'on eût été aventureux, on pouvait tenter de faire les Universités beaucoup plus tôt. On le pouvait au lendemain de la loi de 1875. La loi venait d'accorder aux Facultés libres le droit de prendre ce nom d'Universités, à la seule condition qu'elles fussent trois ensemble. Il eût paru tout naturel que l'État fît à ses propres établissements le même privilège. On eut la sagesse d'attendre.

Un projet de loi préparé par M. Waddington, et qui constituait sept Universités, ne fut même pas déposé. Il sembla que ni l'opinion, ni les Facultés elles-mêmes n'étaient encore prêtes à cette transformation. On le pouvait en 1885, après cette enquête qui avait révélé chez beaucoup de Facultés, chez les plus vivantes et les plus agissantes, un vif désir de la constitution universitaire et un sens exact de ce qu'elle commande et de ce qu'elle peut donner. On attendit encore. On crut qu'il valait mieux mettre les Facultés à même de faire les preuves de leur vocation universitaire. On leur donna, pour les faire, une liberté qu'elles n'avaient jamais connue, des organes de vie commune entièrement nouveaux, et on leur dit : Vivez et agissez. Les Universités seront la fin, et elles seront la récompense.

Voilà cinq ans déjà que dure l'expérience, et sur plus d'un point elle a réussi au delà des espérances les plus optimistes. Le moment de la consécration ne saurait tarder beaucoup. Peu à peu, nous sommes arrivés à ce point qu'indiquait Paul Bert en 1874 : «...Si bien qu'un jour puisse venir enfin où il suffira de quelques articles de loi, ou même de quelques règlements pour donner à ces Facultés d'une même ville une cohésion plus intime entre elles, une autorité plus efficace dans la gestion de leurs affaires, pour constituer en un mot ces centres universitaires dont tant d'esprits libéraux ont signalé les avantages et réclamé la création. »

Il faut donc au fait surajouter le droit. Ce n'est pas, qu'on veuille bien le remarquer, simple affaire de mots ou vanités locales.

Il ne faudrait pas dire : Telles qu'elles sont aujourd'hui, avec leurs conseils généraux, nos Facultés ont un mode de vie comparable à celui des Universités de l'étranger. Elles n'auraient qu'un nom de plus le jour où elles deviendraient des Universités.

Non; aux groupes qu'elles forment aujourd'hui, il manque deux choses essentielles : l'unité et la personnalité. Ces groupements se soutiennent sans doute, car ils reposent sur la bonne volonté et sur une espérance; mais ils ne constituent qu'un état transitoire et non pas un état définitif. Chacun des éléments qui les constituent est plus fort que le tout, ce qui est une contradiction. Il a l'unité légale; le groupe ne l'a pas. Il a la personnalité civile; le groupe ne l'a pas davantage. Pour être un système solide et durable, il manque à ces différents corps une même force de gravitation, capable de les tenir en ordre. Qu'elle ne leur soit pas donnée, et ce peut-être, à plus ou moins brève échéance, de nouveau la dispersion, et avec la dispersion, l'affaiblissement. On n'est fort qu'à la condition de relever de quelque chose de plus fort que soi-même.

Quant à l'amour-propre des villes qui veulent avoir des Universités, il faut, non pas le dédaigner ou le railler, mais s'en réjouir. Il faut se réjouir surtout que les plus animées à en vouloir soient précisément celles qui, dans le passé, ont porté le moins d'intérêt à leurs Facultés, et n'ont vu longtemps en elles que des campements de fonctionnaires. C'est une preuve qu'elles attendent des Universités autre chose que ce à quoi les avaient habituées autrefois les Facultés, quelque chose qui leur serve et qui vaille pour elles la peine de nouveaux sacrifices. C'est aussi un symptôme de cette décentralisation intellectuelle qu'on célèbre et qu'on réclame depuis cent ans, et pour laquelle il serait temps vraiment de faire enfin œuvre efficace.

Du reste, à certains signes, on peut prévoir que le moment de la constitution des Universités ne saurait tarder bien longtemps. Par ces signes, je n'entends pas ici les changements intérieurs accomplis dans les Facultés, et leur nouvelle façon d'être et de vivre. C'est la preuve expérimentale de leur maturité pour une réforme plus complète. Mais ce ne serait pas un indice qu'en dehors du public très spécial des professeurs, on y prît intérêt. J'entends d'abord l'opinion publique.

Il n'est pas douteux que partout elle s'intéresse aux Universités de demain. A Lyon, par exemple, dans la presse, dans la société, et jusque dans le peuple des travailleurs, on parle couramment de l'Université lyonnaise; on a foi dans son avenir, dans ses services. A Montpellier, on vient de fêter avec un grand éclat le sixième centenaire de la vieille Université d'autrefois. C'était la commémoration de quelque chose qui n'est plus. Mais on s'était bien proposé d'en faire aussi une préparation à quelque chose qui n'est pas encore et l'on a certainement réussi.

J'entends aussi les sentiments maintes fois exprimés des ministres, leurs paroles, leurs actes. Comment oublier M. Jules Ferry posant aux Facultés, en 1883, la question des Universités; M. Goblet, deux ans plus tard, présentant les décrets de 1885, comme la voie la sûre pour y atteindre; M. Berthelot et M. Spuller, portant à Lille, où les appelaient les Facultés des sciences et de médecine, les Facultés de droit et des lettres de Douai; M. Fallières, constatant, en tête de la *Statistique* de 1888, que « déjà sur plus d'un point, se nouent, à n'en pas douter, de ces corps qui deviendront à un instant donné des Universités; » le même ministre encore, l'an dernier, à l'inauguration de la nouvelle Sorbonne, donnant bien haut l'assurance que « la constitution universitaire ne serait pas refusée, avec tout ce qu'elle comporte, aux mieux faisantes et aux mieux agissantes » d'entre les Facultés?

Enfin, à ces signes précurseurs, vient de s'ajouter le signe décisif. Nous avons entendu hier, à Montpellier, aux fêtes du Centenaire, le Ministre de l'Instruction publique, M. Bourgeois, annoncer solennellement, en présence du chef de l'État, en présence et aux acclamations des Facultés françaises et des délégués des Universités des deux mondes « sa résolution de soumettre aux Chambres un projet de loi sur les Universités. »

XIV

OBJECTIONS ET RÉPONSES

On dira : « C'est aller contre notre tradition. » — On le dira faussement. C'est y revenir.

Non pas que j'évoque ici le souvenir de l'antique Université de Paris, qui fut si longtemps la grande clarté du moyen âge, ni celui de ces autres Universités moins brillantes, qui s'éteignirent toutes ensemble il y aura bientôt cent ans. Je ne remonte pas au delà de la Révolution ; mais, je dis et les faits m'autorisent à dire, que les conceptions qu'il s'agit aujourd'hui de réaliser viennent en droite ligne de la Révolution et que, dans tout le cours du siècle, jamais, sauf aux périodes de despotisme, elles n'ont cessé d'être un idéal pour les penseurs et pour les politiques.

A la veille de la Révolution, les Universités de l'ancien régime agonisaient. L'esprit de la théologie, autrefois leur force et leur vie, ne les animait plus, et, à sa place, l'esprit nouveau, l'esprit de Descartes et de Newton, l'esprit de la science, qui aurait été pour elles un principe de renouvellement et de durée, n'avait pu pénétrer en elles.

La Révolution les supprima, et ce ne fut pas un grand vide. Ce qu'elle mit en leur lieu, ce furent, au premier degré, les Écoles centrales, et, au degré supérieur, des Écoles spéciales vouées chacune à l'enseignement d'une science particulière, le Muséum d'histoire naturelle, l'École polytechnique, les Écoles de santé.

Or, je l'ai déjà dit, mais il n'est pas inutile de le répéter, rien de plus contraire à ses desseins et à ses projets que ces Écoles spéciales. Mais souvent, surtout par les temps de révolution, les hommes proposent et les événements disposent. Ce que les hommes avaient proposé était juste le contraire de ce que disposèrent les événements.

Qu'on lise les projets de Talleyrand à l'Assemblée constituante, de Condorcet à l'Assemblée législative, certaines séances de la Convention, les rapports de Briot (du Doubs), de Roger Martin et de Daunou au Conseil des

Cinq-Cents, partout la même idée, la même conception générale de l'enseignement supérieur, conception qui sortait droit de la philosophie encyclopédique et dont la formule était entièrement nouvelle. Sans doute le mot université ne s'y rencontre pas. On était à la veille ou au lendemain de la disparition des Universités de l'ancien régime, et ce mot eût été pour les choses si nouvelles qu'on méditait un mauvais passeport. Mais à défaut de mot, la chose y est. Elle y est pleine et entière, si pleine et si entière qu'aucune des Universités qui existaient alors à l'étranger n'en avait fourni le modèle et n'en pouvait présenter l'équivalent.

C'est bien, au nom près, l'Université moderne, fille et mère à la fois de la science, que cet Institut national où Talleyrand proposait de réunir, organiquement coordonnés, tous les départements du savoir, ce corps « où se trouvera, disait-il, tout ce que la raison comprend, tout ce que l'imagination sait embellir, tout ce que le génie peut atteindre, qui puisse être considéré comme un tribunal où le bon goût préside, soit comme un foyer où les vérités se rassemblent ;... qui, par un commerce non interrompu d'essais et de recherches, donne et reçoive, répande et recueille toujours ; qui, fort du concert de tant de volontés, riche de tant de découvertes et d'applications nouvelles, offre à toutes les parties des sciences et des lettres, de l'économie et des arts, des perfectionnements journaliers ; qui, réunissant tous les hommes d'un talent supérieur en une seule et respectée famille, par des correspondances multipliées, par des dépendances bien entendues, attache tous les laboratoires, toutes les bibliothèques publiques, toutes les collections, soit des merveilles de la nature, soit des chefs-d'œuvre de l'art, soit des monuments de l'histoire à un point central, et qui, de tant de matériaux épars, de tant d'édifices isolés, forme un ensemble imposant, unique, propre à faire connaître au monde et ce que la philosophie peut pour la liberté, et ce que la liberté reconnaissante rend d'hommages à la philosophie... »

Ce sont bien encore les Universités, toujours au nom près, que ces Lycées où Condorcet, pénétré autant qu'homme de son temps de l'unité organique des sciences et sachant leurs divisions et leurs rapports, les groupait en un faisceau et autour d'un même centre, les distribuait en quatre classes : les sciences mathématiques et physiques, les sciences morales et politiques, les sciences appliquées aux arts, enfin les beaux-arts et les belles-lettres, et traçait pour chacune de ces classes un programme rationnel d'une telle ampleur scientifique qu'aucune nation ne peut, même à l'heure qu'il est, dire qu'elle l'a pleinement réalisé.

Sans doute à l'époque de la Révolution, les Universités allemandes valaient mieux que les Universités françaises, et l'esprit de la science y régnait. Mais leur grand éclat date surtout du xixe siècle. Ce n'est pas de leur exemple que s'inspiraient Talleyrand et Condorcet. Ils construisaient *a priori*, comme les hommes de leur temps, et, il n'y a pas à dire, ce qu'ils ont construit, c'est de tout point la théorie des Universités modernes.

Ainsi la Révolution, sur ce terrain comme sur d'autres, nous a légué des faits et des idées en désaccord. Les faits ont duré ; les Écoles spéciales de la Convention sont devenues, en se multipliant, les Facultés de l'Empire. Mais en face des faits, les idées aussi ont duré ; et plus d'une fois, au cours du siècle, nous les voyons reparaître en ce qu'elles ont de général et d'essentiel, et bien qu'alors leurs origines historiques soient oubliées ou ignorées, même de ceux qui les remettent en avant, à n'en pas douter, c'est toujours la même filiation doctrinale.

La première fois qu'il en reparaît quelque chose, c'est en 1815, avec la première Restauration. Une ordonnance, préparée par Royer-Collard, supprimait l'Université impériale, cette corporation d'État, une et totale comme l'Empire, qui englobait tout l'enseignement de France, et elle mettait à la place dix-sept Universités régionales qui eussent porté le nom de leurs chefs-lieux et eussent eu chacune son chef et son conseil.

Il y avait à cette mesure une fin plus politique que scientifique. On voulait avant tout réagir contre l'absolutisme impérial et contre une institution faite à son image et pour être son instrument. Mais à ce dessein hautement avoué, se mêlait aussi, c'est Guizot, un collaborateur de Royer-Collard, qui le dit, « le désir de créer hors de Paris, dans les départements, de grands foyers d'étude et d'activité intellectuelle. »

Plus tard, sous le Gouvernement de juillet, l'idée revient au jour avec deux ministres qui avaient été deux gloires de la Sorbonne, avec Guizot d'abord, puis avec Victor Cousin, et cette fois, c'est bien sans conteste, l'idée des Universités, claire, adulte et dépouillée de tout alliage de soucis politiques.

Ni Guizot ni Cousin ne l'a réalisée. Le temps leur a manqué et aussi une certaine faveur de l'opinion. Mais l'un et l'autre l'ont également tenue avec la même conviction, avec la même hauteur de vues, avec la même préoccupation de décentraliser la science, pour l'idée vraie, seule capable de fournir à l'enseignement supérieur sa forme naturelle.

Il y aurait à citer de l'un et de l'autre plus d'une page excellente sur ce sujet. J'en détache quelques fragments pour l'édification des gens bien informés qui répètent encore que l'idée des Universités est de semence germanique, et qu'elle n'aurait jamais germé ni levé dans des cerveaux constitués à la française.

« Paris attire et absorbe moralement la France... de tous les remèdes à employer en pareil cas, la création de quelques Universités est l'un des plus praticables et des plus efficaces. Qu'il y ait sur divers points de la France de grands foyers d'étude et de vie intellectuelle, où les lettres et les sciences, dans toute leur variété et leur richesse, offrent à leurs adeptes de solides leçons, les instruments du travail, d'honorables carrières, les satisfactions de l'amour-propre, les plaisirs d'une société cultivée ; à coup sûr, les maîtres éminents et les jeunes gens distingués se fixeront volontiers là où ils trouveront réunis et à leur portée de tels avantages ; ils y attireront et y formeront peu à peu un public animé des mêmes goûts, sensible aux mêmes plaisirs ; et Paris, sans cesser d'être, parmi nous, le théâtre de l'activité littéraire et savante, cessera d'être le gouffre où viennent s'engloutir tant d'esprits capables d'une vie plus utile et dignes d'un meilleur sort. »

« Mais pour répondre à leur destination, de tels établissements veulent être complets et un peu éclatants ; si la parcimonie scientifique ou économique s'en mêle, elle les tuera au moment même de leur naissance. Il faut que dans les nouvelles Universités et dans leurs diverses Facultés, Lettres, Sciences, Droit, Médecine, Théologie (si l'Église s'y prête), le nombre et l'objet des chaires soient en harmonie avec l'état actuel des connaissances humaines et que la condition des professeurs y soit assurée, commode, digne. » (Guizot, *Mémoires pour servir à l'histoire de mon temps.*)

« Conformément à tout ce que j'avais dit et répété dans mes ouvrages, je me proposais de substituer peu à peu aux Facultés isolées, éparpillées et languissantes sur une multitude de points, un système de grands centres scientifiques où toutes les Facultés fussent réunies, selon la pratique du monde entier. Oui, je ne le cache pas, si j'admire profondément l'unité de la France, je ne crois pas que cette précieuse unité fût en péril parce qu'il y aurait de la vie ailleurs qu'à Paris... Je suis convaincu qu'il est possible d'établir dans un certain nombre de villes des foyers de lumières, qui, en projetant leurs rayons autour d'eux, éclaireraient et vivifieraient de grandes provinces, au profit de la civilisation de la France entière. » (V. Cousin, *l'Instruction publique en France sous le Gouvernement de juillet.*)

« L'intention du gouvernement est de créer sur quelques points de la France un certain nombre de grands centres d'instruction supérieure qui puissent devenir des foyers de lumières pour les provinces où ils seront placés. Des Facultés isolées peuvent avoir leur avantage; mais la plus grande force de ces établissements se tire de leur réunion. Une Faculté de droit ne peut guère se passer du voisinage d'une Faculté des lettres, et une Faculté des sciences est à la fois le fondement et le couronnement d'une Faculté de médecine. C'est ainsi que toutes les connaissances humaines se lient et se soutiennent l'une l'autre et communiquent à ceux qui les cultivent une instruction solide et étendue, de véritables lumières. Il n'est pas non plus sans quelque intérêt social et politique de retenir dans nos provinces une foule de jeunes gens, dont les talents, mûris dans les grandes écoles de leur pays, peuvent tourner à son profit et concourir à former ou à fortifier cette vie provinciale, jadis si animée, aujourd'hui si languissante, et dont le retour serait un bienfait sans aucun danger dans la puissante unité de la France. » (Victor Cousin, *Exposé des motifs du projet de loi portant création d'une Faculté de médecine à Rennes.*)

S'il faut des ancêtres, en voilà.

Et ce ne sont pas les seuls.

Lorsque le second Empire, près de finir, se montra disposé à concéder la liberté de l'enseignement supérieur, on s'aperçut que les Facultés faisaient eau par plus d'un point et l'on sentit qu'on ne pouvait vraiment pas les livrer à la concurrence en cet état de délabrement.

J'ai déjà parlé de cette commission qu'on avait chargée, sous la présidence de Guizot, de préparer un projet de loi, et où furent entendues les voix les plus diverses : MM. Renan, Boissier, Bréal, Dumas, Prévost-Paradol, Laboulaye, le P. Captier, le duc de Broglie. Elle conclut à la liberté de l'enseignement supérieur. Mais à cette liberté, elle mit comme condition la réforme préalable des Facultés de l'État.

Or, que proposa-t-elle? Justement ce qu'avaient déjà voulu Guizot, Victor Cousin, Dubois (de la Loire-Inférieure), et Duvergier de Hauranne, ce dont nous poursuivons aujourd'hui la réalisation, à savoir : « l'organisation dans quelques-unes des principales villes de l'État, et avec leur concours, d'un enseignement supérieur complet, réunissant toutes les Facultés avec leurs dépendances nécessaires. » Traduisez la périphrase. C'est bien des Universités qu'il s'agit.

Ainsi, tout le long du siècle, alors que les faits multiplient et dispersent les Facultés empiriquement, sans raison, sans mesure, sans relation à une conception d'ensemble, en face d'eux l'idée subsiste, et périodiquement elle reparaît pour indiquer la route, comme les feux de ces phares qui brillent et s'éclipsent tour à tour dans l'obscurité des nuits. Elle est aujourd'hui dans sa période de plus grand éclat. Cette fois, on s'est laissé guider par elle. Encore un peu, et bientôt on sera dans le port.

XV

OBJECTIONS ET RÉPONSES

(Suite)

On dira sans doute aussi : C'est rompre l'unité de l'Université de France, de ce corps public fait à l'image de la nation, un et indivisible, et fait ainsi pour maintenir par une éducation commune, inspirée du même esprit, l'unité nationale.

Je n'affaiblis pas l'objection. — Mais immédiatement cette remarque vient à l'esprit, que si l'Université de France était vraiment indispensable à l'unité de la patrie, il y a longtemps déjà que la patrie serait en péril de morcellement.

Voilà longtemps, en effet, au juste quarante ans sonnés d'hier, que l'Université de France, qui fut tour à tour impériale et royale, a légalement disparu. C'était à l'origine, telle que la firent la loi de 1806 et les décrets de 1808, une corporation laïque, vouée à l'enseignement, investie du monopole de l'enseignement, ayant ses biens propres, son budget indépendant, sa juridiction spéciale, son conseil et son grand-maître. La Restauration fit brèche en elle en transformant son grand-maître en ministre. Le Gouvernement de juillet élargit la brèche, en fondant son budget dans le budget de l'État. Enfin la loi du 15 mars 1850 la démantela complètement. Son monopole fut supprimé; sa dotation fut biffée du grand-livre; ses biens furent incorporés au domaine public; son nom même fut rayé de la loi.

Lisez cette loi de 1850 : pas une fois vous n'y rencontrerez le nom d'Université. Ce qu'elle crée et ce qu'elle organise, c'est un double régime d'enseignement, d'un côté l'enseignement privé, de l'autre, l'enseignement de l'État. Celui-ci, elle l'appelle l'Instruction publique et non plus l'Université; son chef, ce n'est plus le grand-maître, c'est le ministre de l'Instruction publique; son conseil suprême, ce n'est plus le Conseil de l'Université, c'est le Conseil de l'Instruction publique, et, pour la première fois, il y entre des membres étrangers à l'enseignement. Et tout cela de propos réfléchi, de dessein délibéré.

A partir de 1850, c'en est donc fini de la corporation impériale. Elle a fait place à une hiérarchie administrative, et il ne reste plus d'elle qu'un nom, expression courante, dont on se servira désormais pour désigner l'enseignement de l'État par opposition à l'enseignement privé.

Mais eût-elle continué d'exister, qu'il n'y aurait ni contradiction, ni péril à ce que, tout en restant l'Université de France, elle comprît les Universités de Paris, de Lyon, de Bordeaux, de Montpellier, d'autres encore, comme la France comprend Paris, Lyon, Bordeaux, Montpellier. Il ne s'agit pas ici de l'unité absolue des philosophes, laquelle n'est pas de ce monde, mais bien de l'une de ces unités concrètes et changeantes, toujours relatives, qui ne sont autre chose qu'un groupement d'éléments multiples et divers. Or, il n'y a pas pour ces groupements de type absolument immuable ; ils se font de façons fort différentes, suivant les temps, suivant les lieux, et de ces façons, la meilleure est toujours celle qui sort de la réalité même et du développement organique des choses.

Fait remarquable, en 1807, ce fut tout d'abord en Universités régionales que l'on proposa de subdiviser l'Université impériale, dont la loi venait de décréter l'unité et l'indivisibilité. Et plus tard, lorsque Guizot et Cousin songèrent sérieusement à créer des Universités provinciales, ce n'était pas, je pense, pour ruiner l'Université, eux qui furent les derniers sur la brèche pour la défendre.

On dira peut-être encore : les Universités sont incompatibles avec les principes généraux de notre droit public.

Ce serait mal entendre ce qu'elles peuvent être, ce qu'elles doivent être, ce qu'elles demandent à être. Outre qu'elles n'auront que la constitution que le législateur voudra bien leur donner, que redouterait-on de leur venue ? Un retour à l'ancien régime ? Mais nul ne s'est avisé et nul ne s'avisera de réclamer pour elles les privilèges qui furent ceux des Universités d'autrefois.

Les professeurs paient et paieront les taxes comme tous les citoyens. Les étudiants ne font pas et ne feront pas, comme jadis, entrer en franchise le vin de leurs récoltes. Maîtres et élèves sont et resteront justiciables du droit commun ; n'ont et n'auront de juridiction spéciale que pour les fautes contre la discipline. Je ne crois pas non plus qu'ils soient disposés, comme autrefois, à en appeler au pape contre le prince. Ils sont hommes de leur temps et citoyens français.

Et si ce mot d'Universités remis en circulation a çà et là éveillé d'antiques réminiscences et provoqué de singuliers anachronismes, ce n'est pas chez eux, c'est à côté d'eux. Mais cela ne tire pas à conséquence. Qu'importe, par exemple, que le jour de Pâques dernières, un évêque ait dit en chaire : « Je garde mon titre de chancelier de l'Université, on ne peut pas me l'ôter ? » Ce n'est pas à lui pour cela que le recteur fera signer les diplômes.

Les droits de l'État ne sont pas davantage en péril ou en question. Les futures Universités ne demandent pas la séparation, et je crois qu'elles auraient de bonnes raisons pour la refuser si, par impossible, elle leur était offerte. C'est pour l'État et à ses frais qu'elles cultiveront la science. C'est en son nom qu'elles l'enseigneront. Par suite, elles seront naturellement soumises à son contrôle, à sa tutelle. Elles n'auront pas l'impertinence de dire ou de penser : De tous vos fonctionnaires, je ne puis connaître qu'un, celui qui paie. Elles lui rendront donc compte, non seulement de l'emploi de ses deniers, mais encore de leurs travaux, de leur vie, de leurs progrès. Elles ne se recruteront pas sans lui et contre lui.

De son côté, l'État ne se dépouillera d'aucune prérogative en leur donnant la personnalité civile, comme l'ont déjà les Facultés, en les laissant maîtresses de leurs biens, comme les Facultés le sont déjà, en leur permettant de recevoir de toute main, comme font déjà les Facultés, en leur donnant la pleine indépendance scientifique et tout ce qu'elle entraîne de franchises administratives et en les laissant, à leur gré, avec des traits communs à toutes, prendre des physionomies propres, en rapport avec les coins de France où elles seront placées.

Elles ne seront donc ni des États dans l'État, ni des églises dans l'État. Elles seront des organes de l'État, constitués par l'État lui-même, pour remplir, avec toute l'indépendance qu'elle exige, une des fonctions morales de l'État.

XVI

UNIVERSITÉS ET FACULTÉS

Ici se pose une question à laquelle je ne puis éviter de répondre. Nous avons quinze groupes de Facultés, sans compter les Écoles d'Alger. Faudra-t-il, d'un coup de baguette, en faire autant d'Universités? — Je n'hésite pas à répondre : Non, cent fois non. Tout, plutôt que cette faute; tout, le *statu quo* et même, s'il le fallait, le retour en arrière. L'avenir, du moins, ne serait pas compromis.

Considérez chacun de ces groupes. Dans six seulement, vous trouverez les quatre Facultés ; des autres, sept n'en ont que trois, et deux sont encore plus mal nantis, n'ayant que les sciences et les lettres. Or, comme l'Université est, par définition, l'école universelle, celle où se cultivent, où s'enseignent toutes les parties du savoir, pour avoir rien que les matériaux, je dis les matériaux bruts, de quinze Universités, il faudrait d'un seul coup improviser douze Facultés nouvelles, deux de droit et dix de médecine. A moins qu'on n'inventât des trois quarts d'Université. — Mais de ces quinze Universités, complètes ou incomplètes, combien seraient des touts artificiels et combien des touts naturels?

Je ne sais si l'idée de quinze Universités hante sérieusement les esprits. Dans ce cas, il y aurait lieu de la décourager au plus vite. Il ne faudrait pas, en effet, que l'expérience de ces trois quarts de siècle fût entièrement perdue, et que, par oubli de l'histoire de nos Facultés, par méconnaissance des conditions particulières qui sont faites en France à l'enseignement supérieur, et que j'indiquerai plus loin, on fût, une fois de plus, victime de cette fatalité qui, sous tous les gouvernements, a fait créer, multiplier, disperser les Facultés à l'aventure, sans proportion, sans suite, sans vue d'ensemble, et le plus souvent pour des exigences qui n'avaient rien à voir avec les intérêts de la science et de l'enseignement supérieur.

Ce serait une curieuse histoire à suivre depuis

le commencement du siècle. J'en indiquerai seulement quelques épisodes. C'est l'Empire qui, changeant le nom des Écoles spéciales de la Convention, créa les Facultés. Il fit douze Facultés de droit et cinq Facultés de médecine. Ce n'était pas excessif. Mais il décréta vingt-sept Facultés des sciences et vingt-sept Facultés des lettres. Il en mit une paire au chef-lieu de chaque académie. Et pourquoi les semait-il sur tout le territoire avec cette profusion? Pour l'unique raison que c'étaient, non pas des écoles de haut enseignement, mais des jurys de baccalauréat.

Dans cette surabondance, la Restauration tailla et abattit. De ces cinquante-quatre Facultés des lettres et des sciences, dont quelques-unes n'avaient d'ailleurs existé que sur le papier, elle n'en laissa debout que six pour les lettres et sept pour les sciences; mais elle le fit arbitrairement, à l'aveugle, sans souci de l'avenir, sans trace de système, fauchant Lyon, Nancy, Montpellier, Rennes, Bordeaux, mais ne touchant pas, on se demande pourquoi, à Besançon et à Dijon.

De 1830 à 1848, on créa bon nombre de Facultés nouvelles. Il en était de nécessaires, qui répondaient à des besoins de l'enseignement et de la science. Par malheur, ce ne fut pas le cas pour toutes. Le procès-verbal d'une séance de la Chambre des Pairs, en 1844, en dit long sur cette affaire. On proposait d'abolir les jurys de baccalauréat, par lesquels la Restauration avait remplacé les Facultés supprimées. Un pair, son nom n'importe pas, combattait la mesure et demandait comment on s'y prendrait pour recevoir les bacheliers. « Soyez sans inquiétude, interrompit le ministre, M. de Salvandy, on multipliera les Facultés ! » — « C'est fort grave, cela, monsieur le ministre, » riposta Victor Cousin. — C'était grave, en effet. Ce fut fait cependant.

Ce fut fait encore sous l'Empire, en 1854. D'une seule fournée, on institua huit Facultés nouvelles, cinq pour les sciences, trois pour les lettres, et voilà comment, jusqu'à ces dix dernières années, un si grand nombre de nos Facultés étaient points morts ou languissants; comment aussi, malgré tant d'efforts pour les animer, plusieurs manquent encore de vigueur et d'élan.

La République elle-même, malgré un souci plus éclairé des intérêts du haut enseignement, n'est pas sans reproche à cet endroit. Elle n'a pas fait, il est vrai, de nouvelles Facultés des lettres ou des sciences. Mais elle a fait cinq Facultés de médecine. Sur ce nombre, il en était d'absolument nécessaires. Mais les autres ? Je me contente de dire : attendons l'avenir. Cependant, un fait déjà m'inquiète. Nous avons aujourd'hui trois Facultés de médecine de plus qu'en 1876, et, au total, nous ne faisons pas, bon an mal an, beaucoup plus de docteurs en médecine. Et puis, je ne vois pas que la pléthore d'étudiants qui encombrait l'École de Paris se soit beaucoup écoulée sur les Facultés de province.

Ainsi, toujours la multiplication outrée, la dispersion, l'éparpillement.

Tout autres n'ont cessé d'être les vues des partisans de l'autre système, des universitaires, de ceux qui, avant tout et par-dessus tout, ont eu devant les yeux la fonction scientifique et l'office éducateur de l'enseignement supérieur. Quelques centres seulement, mais forts et bien pourvus, voilà ce que toujours ils ont proposé, réclamé. Condorcet en voulait trois, Guizot cinq, Victor Cousin pas davantage.

Lisez et méditez ce fragment d'un discours de Cousin, perdu dans ses œuvres complètes, et qu'il eût fallu graver, sur un métal solide, dans le cabinet des Ministres de l'Instruction publique.

« Il ne faut pas croire que l'homme éminent, M. Royer-Collard, qui, en 1816, a diminué le nombre des Facultés des lettres, ait pris cette mesure, comme l'a dit M. le rapporteur, par pure économie. L'économie a pu être un des motifs, mais elle n'a pas été le fondement de cette décision. L'expérience avait prouvé qu'il n'était pas possible de multiplier les Facultés sans mettre en péril leur haute mission, qui est l'enseignement approfondi des sciences... Ce n'est rien de créer des Facultés, il faut les faire grandes et fortes. Les éparpiller, c'est les annuler. Le principe incontestable en cette matière... c'est un petit nombre de grands foyers d'études, qui aient des professeurs éminents et beaucoup d'élèves. Multipliez les Facultés, vous abaissez l'enseignement et vous diminuez le nombre des élèves... Voulez-vous donc renouveler les Universités de Valence et d'Orange? Il vous plaira de créer une Faculté dans telle ville... Fort bien; il suffit pour cela d'une allocation au budget; mais il n'y a qu'un malheur, c'est que les grands professeurs, qui sont la vie des Facultés, vous manqueront ; et puis il n'y viendra pas d'élèves. Il faudra mettre les cours le soir, afin d'attirer les dames et un certain nombre d'hommes oisifs, qui viendront y chercher un délassement aux travaux de la journée. C'est là, Messieurs, une Faculté d'agrément, c'est une sorte d'athénée où un bénévole auditoire vient écouter un frivole enseignement. Ce n'est pas là une institution sérieuse où se forme et s'élève la jeunesse d'un grand peuple. »

Est-ce d'hier ? est-ce d'aujourd'hui ? Mais que ce soit d'hier ou d'aujourd'hui, hier c'était vrai, et c'est vrai aujourd'hui.

Je n'ignore pas qu'au ministère de l'Instruction publique, il n'y a pas longtemps encore, ceux-là mêmes qui ont eu le plus à cœur le relèvement de l'enseignement supérieur et qui ont voué à cette noble tâche tout ce qu'ils avaient d'intelligence, de forces et de patriotisme, ont professé d'autres maximes. Je rends hommage à leurs grands services et à l'élévation de leurs intentions. Mais cela ne m'empêche pas de dire, sans hésitation et sans embarras, que, sur ce point d'importance capitale, ils ont, ce me semble, fait fausse route.

Ils s'étaient dit : l'Empire d'Allemagne a vingt et une Universités pour quarante-six millions d'habitants, et beaucoup sont prospères, toutes sont vivantes. Est-ce avoir trop d'ambition pour la France que de vouloir pour elle quinze ou seize centres d'études supérieures? Y renoncer, avant de l'avoir tenté, ce serait avoir « peu de souci de la dignité nationale. » « Avant de nous résigner à un rôle si humble, il faudrait s'être bien assuré qu'une nécessité sans merci nous y condamne. »

Vingt et une Universités et vingt-neuf mille étudiants en Allemagne, pour quarante-six millions d'habitants, ce serait pour la France, si l'on raisonnait du même au même, seize ou dix-sept groupes de Facultés et vingt-deux mille cinq cents étudiants. Mais ici, on ne peut raisonner de la sorte; c'est uniquement par analogie qu'il faut conclure, et l'analogie, sous peine d'erreur, doit tenir compte des différences autant que des ressemblances. Or, dans l'espèce, entre la France et l'Allemagne, nombreuses et profondes ont été de tout temps les différences; nombreuses et profondes elles sont restées.

Tout d'abord, c'est la façon dont sont organisées les études secondaires.

En Allemagne, on les tient pour une partie, non pour un tout, pour un acheminement, non pour une fin, en un mot, pour la préparation aux études supérieures qui se font à l'Université.

En France, au contraire, organisées à une époque où, en dehors des études professionnelles de droit et de médecine, il n'y avait pas à proprement parler d'enseignement supérieur, on y a mis, en outre de ce qu'elles devraient normalement contenir, quantité de choses qui rentrent vraiment dans le domaine des Facultés, la philosophie, l'analyse géométrique, certaines parties élevées de la physique et de la chimie. On les y a mises, et on les y laisse, un peu par habitude, beaucoup aussi parce que, pour nombre d'élèves, ce n'est pas la Faculté, mais l'École spéciale, qui est l'aboutissant naturel du lycée.

Aussi, qu'en résulte-t-il? En Allemagne, la Faculté de philosophie, sciences et lettres ensemble, est la plus peuplée de toutes. Au sortir du gymnase, les esprits vont s'y mettre pour quelque temps au régime de la science libre. Chez nous, au contraire, le baccalauréat, avec son appareil encyclopédique, est tenu pour une quittance générale et définitive envers les lettres et les sciences. On se spécialise aussitôt, et rarement on s'avise avant de le faire qu'il y a, au-dessus du collège, des écoles largement ouvertes, où il serait bon de passer quelque temps.

Par suite, à l'inverse de l'Allemagne, nos Facultés des lettres et des sciences, si longtemps sans élèves réguliers, n'ont encore aujourd'hui entre toutes les autres que le plus faible contingent, et composé pour la majeure partie d'aspirants professeurs, maîtres-répétiteurs, boursiers et candidats aux grades. J'ai confiance que la nouvelle loi militaire, qui donne à la licence ès lettres et aux licences ès sciences une prime égale à celles du doctorat en médecine et du doctorat en droit, apportera à cet état de choses d'heureux changements. Mais pour longtemps encore les meilleurs recrues de ces Facultés, les plus nombreuses, les plus stables, seront les futurs professeurs.

Si encore ils passaient tous par les Facultés

avant d'avoir licence d'enseigner! Mais non, et ceci est un second trait de différence avec l'Allemagne. Là, nul professeur de gymnase qui n'ait étudié à l'Université, et de ce fait résulte maint avantage.

Autres sont nos mœurs, autres nos règlements. Le tout est d'avoir le grade, licence ou agrégation, qu'on y soit parvenu par l'École normale ou par les Facultés, ou bien qu'on l'ait acquis par un travail solitaire. Et encore je ne vise que l'enseignement public, celui des lycées et des collèges. Car dans l'enseignement libre, inconnu en Allemagne ou du moins fort différent du nôtre, la possession d'un diplôme n'est imposée qu'aux directeurs. On y peut enseigner, et beaucoup y enseignent, surtout dans les maisons ecclésiastiques, sans preuve universitaire d'aucune espèce. Il suffit que le gérant responsable, eût-il vingt maîtres sous ses ordres, soit bachelier. Eux peuvent se passer de l'être. Ainsi l'a permis la loi. Nouvelle cause de pauvreté pour nos Facultés des sciences et des lettres.

Et ce n'est pas la dernière. En voici une autre, des plus puissantes, qui tient à nos mœurs, et de laquelle l'Allemagne, où toute science théorique se donne à l'Université, n'offre pas l'analogue.

Je parle des Écoles spéciales, de celles surtout au profit desquelles s'est constitué un monopole inflexible. Il faut louer sans réserve leur glorieux passé, leurs éclatants services. Mais il faut bien aussi constater qu'elles sont, en particulier pour les Facultés des sciences, une terrible concurrence. Quand sur les quinze cents jeunes gens qui chaque année affrontent ses concours, l'École polytechnique a prélevé sa dîme, du meilleur froment, puis après elle l'École centrale, puis après celle-ci l'externat de l'École des ponts et chaussées et de l'École des mines, que peut-il bien rester, à de rares exceptions près, pour les Facultés des sciences ?

Ce ne sont pas assurément les meilleurs sujets. Et encore, voyez quelle situation leur est faite. Ils n'ont pas même l'espoir, à force de travail, à force de mérite, de se retrouver aux prises, pour l'accès des carrières savantes, avec leurs concurrents heureux de la première heure. Pour entrer dans certains services de l'État, il faut avoir franchi le seuil de l'École polytechnique. Une seule perspective s'ouvre devant eux, l'enseignement, et chaque jour elle se rétrécit davantage.

Il est encore toute une catégorie d'étudiants, fort nombreuse en Allemagne, qui nous échappe, les théologiens. Ils sont six mille dans les Universités allemandes, près de cinq mille protestants et plus de douze cents catholiques, pour la plupart laborieux, instruits et appliqués aux études de philologie.

En regard, nous n'avons que la toute petite troupe des théologiens protestants de Paris et de Montauban, moins d'une centaine. Les autres, les gros bataillons, tous les catholiques, et ils sont des milliers, sont élevés en vase clos, dans des séminaires, loin du plein air de la vie scientifique, loin des Facultés, et c'est à peine si de temps en temps il en vient quelques-uns aux Facultés des lettres.

Et puis, il y a Paris, la ville unique, l'attrait et le gouffre. Nous avons environ seize mille étudiants de tout ordre. Bien répartis, ce serait assez pour faire vivre utilement une douzaine de centres. Mais sur ce nombre, combien sont à Paris? Près de dix mille. Allez donc persuader au trop-plein qu'il ferait bien, dans son propre intérêt, d'abandonner une ruche encombrée et d'essaimer vers Caen, Dijon, Besançon, Poitiers, Rennes ou Clermont? On ne peut pourtant pas parquer de force les étudiants dans telle ou telle Académie, suivant leur lieu d'origine, et leur interdire Paris, ses ressources et ses plaisirs, parce qu'ils sont de Dunkerque ou de Bayonne.

L'unique moyen d'opposer à cette force excessive d'attraction, une force centrifuge efficace, ce n'est pas d'affaiblir les contrepoids, en les subdivisant, en les éparpillant, mais d'en avoir seulement quelques-uns, placés aux bons endroits, coordonnés ensemble, et tous d'une masse assez puissante pour être, sur un rayon moins étendu que Paris, des centres d'attraction. C'est le bon sens et c'est aussi l'expérience. En dehors de Paris, où voyons-nous les étudiants se porter de préférence? Là où les locaux sont les plus vastes, l'outillage le plus complet, les ressources les plus abondantes, les maîtres les plus nombreux, l'enseignement le plus varié.

Rien en Allemagne, même après l'hégémonie de la Prusse et la colossale croissance de Berlin, rien d'égal à cette aspiration centrale de Paris. L'Université de Berlin s'est beaucoup accrue depuis vingt ans, mais pas au point de rompre tout équilibre avec les autres. Elle a 6,000 élèves et plus; mais il en reste aux autres 23,000 : plus de 3,000 à Leipzig; autant à Munich et nulle part moins de 650. Et cette jeunesse circule d'une ville à l'autre, passant un semestre à Berlin, un autre à Leipzig, un troisième à Heidelberg, portant de l'une à l'autre sa curiosité et son mouvement.

En France, rien de semblable. On choisit sa Faculté et l'on s'y fixe à demeure, ou s'il se produit quelque mouvement, c'est un flux de la province sur Paris, jamais un reflux de Paris sur la province, jamais un échange des villes de province entre elles.

Cette immobilité a bien des causes; d'abord nos habitudes générales qui sont peu voyageuses, puis l'uniformité de nos programmes d'examen qui impose l'uniformité des études, et partant, empêche de se créer ici ou là de ces spécialités qui seraient des attractions; enfin, l'absence de rivalité entre les Facultés des départements et la marche convergente de leurs meilleurs maîtres sur Paris, et sur Paris seulement.

Sans doute, on réagira, on a déjà réagi. Il ne paraît pas impossible d'assouplir les études et de leur donner plus de jeu, de spontanéité et de variété. Rien n'empêchera non plus, ce semble, une fois les Universités créées, qu'elles prennent chacune sa physionomie propre et qu'il y soit fait aux maîtres de tels avantages moraux et matériels qu'ils aiment à y rester et à y faire école. Les associations d'étudiants pourront aussi devenir quelque chose comme ce qu'étaient les *mères* pour les compagnons du tour de France et inviter les étudiants à être à leur façon de ces compagnons-là. Mais tout cela, c'est l'espérance, c'est l'avenir, et un avenir que l'on compromettrait d'une façon certaine et irrémédiable en multipliant outre mesure les Universités.

Ce serait donc mal raisonner que de conclure, en cette matière, du même au même, entre deux pays où subsistent tant de dissemblances. Il a été légitime de s'inspirer de l'Allemagne d'une façon générale. Il serait dangereux de transformer les analogies en identités. Il sera bon d'avoir des Universités comme l'Allemagne en a. Il serait mauvais d'en vouloir en proportion de ce qu'elle en a. Il faut tenir compte des conditions de temps et de lieu, des mœurs et de l'expérience, et pas un de tous ces faits qui n'aboutisse droit à cette conclusion : pour être vivantes, pour être viables, les Universités françaises ne devront pas se faire par la transformation subite et générale de tous les groupes de Facultés, mais graduellement, successivement, et là seulement où se seront formés d'eux-mêmes des corps dignes de ce nom et des avantages qu'il comporte.

Mais de cette conclusion sort aussitôt une grosse difficulté. Nous avons quinze groupes de Facultés. S'ils ne peuvent tous prétendre à devenir des Universités, que deviendront les autres ? Une solution logique et facile serait d'en supprimer quelques-uns. Mais elle n'a qu'un défaut, c'est d'être impraticable. Je ne parle pas des résistances qu'y opposerait le régime parlementaire, de la coalition qui ne manquerait pas d'unir contre elle les représentants des centres menacés. Rien que pour transférer à Lille les Facultés de Douai, il a fallu tout le courage de M. Berthelot et de M. Spuller. Que ne faudrait-il pas le jour où il s'agirait de supprimer sur plusieurs points à la fois ? Mais, encore un coup, je ne parle pas de cela. Je parle seulement de la probité de l'État.

L'État doit être honnête homme. Le serait-il le jour où, au mépris des sacrifices faits par certaines villes pour leurs Facultés, il viendrait les leur enlever. On eût pu tenter de réduire sensiblement le nombre des Facultés il y a quinze ou vingt ans, alors que l'enseignement supérieur, mal logé, mal outillé, languissait à peu près partout dans les départements. On pouvait alors, si l'on avait eu un plan d'ensemble bien arrêté, et si l'on s'était proposé de constituer sur certains points d'élection quelques Universités bien pourvues et bien dotées, tirer argument des charges de l'État et de la nécessité de n'éparpiller ni les ressources ni les forces. Qu'avaient fait alors la plupart des villes pour leurs Facultés? Si peu qu'elles n'eussent pu sans invraisemblance crier à la spoliation.

Mais aujourd'hui, c'est autre chose. On a pendant dix ans soufflé l'émulation entre elles; on leur a demandé beaucoup pour l'enseignement supérieur et elles ont donné beaucoup, les petites proportionnellement plus que les grandes, parce que, pressentant qu'un jour elles pourraient être menacées, elles sentaient bien aussi que leurs sacrifices seraient ce jour-là leur plus forte défense. Voilà des villes comme

Grenoble, comme Caen, comme Rennes, pour n'en pas citer d'autres, qui ont dépensé des millions à bâtir des palais où des ateliers à la science. Elles l'ont fait à la demande de l'État, avec l'aide de l'État. Entre ellles et l'État, il y a contrat tacite et, pour le rompre, il faudrait d'autres nécessités.

Sans compter que le jour où l'État viendrait à retirer ses Facultés de tel ou tel lieu, immédiatement y surgiraient des Facultés catholiques, les seules qu'ait enfantées jusqu'à présent la liberté de l'enseignement supérieur.

Il faudra donc une autre solution. M. Waddington, après la loi de 1875, en avait imaginé une qui avait le mérite de ne rien détruire, de ne rien supprimer.

On eût fait de tous les établissements d'enseignement supérieur, Facultés et Écoles préparatoires, disséminées sur tout le territoire, un certain nombre, assez limité, de groupes. Chaque groupe se fût appelé Université. Chaque Université eût eu comme un siège métropolitain et des sièges suffragants. C'eût été une sorte de système sidéral, avec un astre central et des satellites. Ainsi, l'Université de Paris eût compris autour des Facultés de Paris, les Facultés de Caen, l'École de médecine de Rouen et celle de Reims ; l'Université de Lyon eût englobé, autour des Facultés de Lyon, celles de Grenoble, celles de Dijon, celles de Clermont ; l'Université de Montpellier eût fait graviter, autour des Facultés de Montpellier, celles de Toulouse, celle de Montauban, celles d'Aix, celle de Marseille, et jusqu'aux Écoles d'Alger. Au centre de chaque Université, un chancelier, un curateur et un conseil, un conseil où eussent siégé, deux fois l'an, des représentants de tous les établissements compris dans l'Université. De la sorte, tout était conservé et tout s'ordonnait autour de quelques points.

Mais était-ce bien là l'ordonnance universitaire ? — L'Université est un être vivant. Toutes les parties doivent en être disposées comme des organes, se toucher, s'unir, vivre ensemble, se compléter l'une par l'autre, réagir l'une sur l'autre et concourir harmoniquement à une résultante commune. Est-ce à cela qu'eussent conduit les idées que je viens d'esquisser ? N'auraient-elles pas plutôt constitué, sous le nom d'Universités, des simples juridictions, des circonscriptions géographiques et administratives, quelque chose comme les garnisons de nos corps d'armée ?

Il ne m'appartient pas d'indiquer de solution. Mais peut-être, quand le moment sera venu, songera-t-on que s'il n'est pas possible de supprimer nombre de nos Facultés, il n'est pas nécessaire qu'elles soient toutes constituées et organisées sur le même plan.

A la fin de l'ancien régime, il y avait en France vingt-deux Universités. C'était trop pour qu'elles fussent prospères. Dès le milieu du xviie siècle, on avait réclamé contre cet excès : « Ce grand nombre d'Universités, avait dit, en 1645, François le Maire, conseiller au présidial d'Orléans, ce grand nombre d'Universités, en France, n'apporte que désordre, trouble et mépris des bonnes lettres. » Cent ans plus tard, Guyton de Morveau, disait de même : « La multiplicité des Facultés... serait peu favorable, peut-être même inutile et souvent pernicieuse aux progrès des sciences. »

Il parut alors à un réformateur, sage et prudent entre tous, au président Rolland, que le meilleur remède serait d'avoir deux sortes d'Universités, les unes complètes et les autres incomplètes, celles-ci pourvues des enseignements fondamentaux et essentiels, **mais** de ceux-là seulement, les autres, « réunissant dans leur sein l'enseignement de toutes les sciences ». « Les Universités qui seraient complètes devraient être très rares, et placées seulement dans les villes principales, que leur grandeur, leur opulence, leur position semblent destiner au dépôt des sciences. »

N'y aurait-il pas là les éléments d'une solution?

L'enseignement supérieur a une double fonction, l'une professionnelle, l'autre savante. Il faut que l'éducation professionnelle soit dirigée d'après des principes et des méthodes scientifiques ; mais il ne s'ensuit pas que partout où elle se donne doive être aussi tout le vaste appareil des enseignements savants et des recherches scientifiques. Il suffit que les maîtres chargés de la donner aient été formés à l'école de la science et soient imbus de son esprit.

Partant de cette distinction, serait-il déraisonnable d'avoir deux sortes de Facultés, et comme le doctorat est le grade scientifique par excellence, d'en faire le privilège des Facultés d'universités? A celles-ci, outre les enseignements relativement élémentaires et professionnels qui doivent être partout, on donnerait avec toute l'ampleur et toute la multiplicité qu'exige la science, les enseignements purement scientifiques, ceux qu'on ne doit pas disséminer, faute de ressources et de sujets.

Y aurait-il donc si grand mal à ce qu'un étudiant commençât ses études à Poitiers ou à Clermont, et, une fois sa vocation affermie et éclairée, allât les compléter ailleurs? Cette pratique n'aurait-elle pas au contraire toutes sortes d'avantages? Ne permettrait-elle pas de constituer fortement quelques centres savants, de les mieux doter, de les pourvoir de ce luxe qui est le nécessaire de la science, d'en faire pour la carrière des maîtres un degré et un intermédiaire entre les autres Facultés et Paris, de susciter de l'un à l'autre de ces rivalités qui tournent au profit du pays tout entier, et de provoquer d'un point à l'autre, au lieu de l'immobilité quasi-générale d'aujourd'hui, une circulation incessante des étudiants?

Serait-ce d'ailleurs bien autre chose que la confirmation et l'extension de faits déjà existants? Toutes nos Facultés des lettres et des sciences sont-elles également pourvues? N'en est-il pas qui ont deux fois plus d'enseignements que les autres? N'en est-il pas qui n'ont jamais fait un docteur? N'en est-il pas qui ont le privilège, parce qu'elles ont plus de ressources, de préparer à l'agrégation? Ne prend-on pas soin, depuis quelques années, de leur envoyer, à elles seules, les boursiers de cet ordre? Ne reçoivent-elles pas, des Facultés voisines, moins complètement outillées, des licenciés dont elles font des agrégés? N'en est-il pas de même dans la médecine? Des centaines d'étudiants ne commencent-ils pas leurs études dans les écoles, pour aller les compléter ensuite auprès des Facultés?

Il n'y aurait là rien d'impossible, puisque déjà c'est fait, et, en somme, rien ne serait plus conforme à la fois aux intérêts de la science et aux exigences des faits accomplis.

XVII

LES UNIVERSITÉS ET LEURS MILIEUX

Jusqu'ici, je n'ai envisagé les Universités que dans leurs rapports avec l'État. Pour qu'elles soient, pour qu'elles vivent, pour qu'elles prospèrent, il faut qu'elles en aient d'autres, solides et multipliés, avec leurs propres milieux, et ceux-là, si l'État peut en favoriser l'établissement par une large liberté, il n'est en son pouvoir ni de les créer, ni de les soutenir. C'est des Universités elles-mêmes et de leurs milieux qu'ils doivent sortir.

On s'est demandé plus d'une fois déjà, et l'on se demandera certainement encore, si ce n'est pas une chimère, que de rêver des Universités sans la vie provinciale et sans son cortège d'institutions particulières.

J'avoue que l'objection, ainsi formulée, m'inquiète peu. Il y a cent ans, nous avions des provinces, des institutions provinciales, et partout, à cette date, je trouve les Universités pauvres, languissantes et presque éteintes.

Mais, au fond, il reste vrai que notre centralisation politique peut être un obstacle, sinon à l'établissement, du moins au succès de ces institutions. Dans un pays unifié comme le nôtre, l'État agit partout par les mêmes voies, et sous peine d'être un dispensateur partial des ressources communes, il doit agir partout avec égalité, deux conditions, ce semble, qui se prêtent assez mal à l'expansion de ces corps qu'on voudrait voir rivaliser entre eux de vie et de fécondité. Il ne peut pas non plus se passionner pour ceci ou pour cela, contre ceci ou contre cela. La passion est essentiellement individuelle et si l'État moderne est une personne, il l'est à la façon dont les panthéistes conçoivent la personnalité divine, diffuse et générale.

Il est donc à craindre que les Universités provinciales, car c'est de celles-là seulement qu'il s'agit, Paris étant hors de pair et hors de cause, manquent de ces stimulants qui dans l'ancienne Europe ont fait longtemps la force des Universités. Dans l'Allemagne unifiée, si Berlin est l'Empire en même temps que la

Prusse, Leipzig reste toujours la Saxe et Munich la Bavière.

« La question, disait Albert Dumont, est de savoir si la démocratie française trouvera pour les Universités des principes de vie différents de ceux que le passé a connus. »

Ces principes, ce n'est pas de l'État qu'il faut les attendre. Quand il aura donné aux Universités toutes les libertés compatibles avec leur caractère d'établissements publics, quand il leur aura garanti des subventions en rapport avec leur importance et leurs services, il serait chimérique à elles de lui demander la vie, parce que la vie ne s'ordonnance pas à distance comme un paiement, et parce que pour naître, grandir et produire, il lui faut, sur un point donné, des germes, un milieu et des forces intérieures.

Or de tout cela, rien, *a priori*, n'est interdit par la forme de notre État moderne. Rien n'empêche qu'en dehors de ce cerveau qui est Paris, il ne s'organise de puissants ganglions. La centralisation a son contrepoids dans les départements, dans les communes et surtout dans les individus.

Pourquoi, sur certains points, et autour de

ces points, sur des régions entières, départements, communes et individus, ne contribueraient-ils pas, sous les formes les plus variées, à donner aux Universités aliment, substance et force?

Pour cela, il faut tout d'abord que les Universités, outre leurs devoirs généraux envers le pays, sachent qu'elles ont des devoirs particuliers envers la cité qui les porte et la région sur laquelle elles rayonnent. Sans doute, M. Renan a eu raison de dire que « l'esprit humain n'a pas de région » et que « la bonne méthode n'a rien de local ». Sans doute, il n'y a pas une science parisienne et une science provinciale, pas plus qu'il n'y a, au fond, une science allemande et une science française.

Mais il y a un génie allemand et un génie français, et dans le génie français, à des traits communs se mêlent, suivant les régions, des traits particuliers de race et de terroir qui n'ont rien d'inquiétant pour l'unité de la patrie, qui sont au contraire une richesse et un charme.

De plus, si la science est une et générale, il ne s'en fait pas partout les mêmes applications. Il n'y a qu'une chimie. On l'enseigne à Bordeaux et à Lyon, la même qu'à Paris ; mais à Bordeaux elle guérit la vigne et les vins ; à Lyon, elle forme des chimistes pour les industries de l'agglomération lyonnaise.

Que les Universités, et, avant qu'elles soient, les Facultés qui les constitueront, se pénètrent bien de ces devoirs particuliers, qu'elles les remplissent avec zèle, qu'autour d'elles on sente leur action, leur influence ; que cette influence soit surtout une influence morale, et nul doute que, par un effet de la loi des actions en retour, leurs milieux ne comprennent qu'ils ont, eux aussi, des devoirs envers elles.

Le rôle de ces milieux n'est pas simplement de les porter, mais de les réchauffer et de les alimenter en partie. Elles conserveront toujours avec l'État un cordon nourricier ; mais il faut aussi qu'elles soient enveloppées d'un placenta local. Il faut qu'elles trouvent sur place des sympathies, des stimulants, des sucs particuliers et de l'argent, beaucoup d'argent s'il se peut. L'argent, pour elles, ce sera l'indépendance, et l'indépendance est une condition essentielle de tous les services moraux.

On a peu donné jusqu'ici aux Facultés. Malgré les décrets de 1885, elles n'ont encore, au total, pour toute la France, que 200,000 francs de revenus, dont les deux tiers en subventions sans perpétuité, alors que l'Institut jouit de 550,000 francs de rentes perpétuelles, sans compter Chantilly. On donnera plus aisément et davantage aux Universités, précisément parce qu'elles tiendront davantage au cœur des villes et des régions, et qu'elles ne seront plus considérées comme des colonies de fonctionnaires.

Mais, de tout ceci, est-ce vraiment au futur qu'il faut parler? Ne voyons-nous pas déjà de ces adoptions et de ces assimilations, et là justement où les Facultés sont le plus près d'être des Universités?

Pour montrer comment une Université vit, autant par les citoyens que par l'État, je pourrais citer l'exemple de Bâle. A quoi bon sortir de France? Nous n'en sommes plus à prêcher et à former des vœux. Sur plus d'un point, les réalités espérées sont sorties de terre et commencent à s'épanouir.

Voyez Lyon, par exemple. Nulle part n'est plus visible cette double épigenèse, à la fois interne et externe, par laquelle se forme, comme un être vivant, une Université adaptée à son milieu. Des Facultés venues au monde l'une après l'autre, se rapprochant, s'unissant, mettant en commun certains de leurs enseignements, s'imprégnant peu à peu de l'esprit de solidarité, ne négligeant aucune occasion de l'accroître et de le manifester, créant des publications communes pour leurs travaux, groupant autour d'elles, à leur propre image, des étudiants chaque année plus nombreux; en dehors d'elles, une municipalité, soucieuse de tous ses devoirs, bâtissant pour elles, largement, splendidement, tout un quartier; une Chambre de commerce leur demandant des chimistes et leur allouant des subventions; une Société se constituant sous ce nom si expressif d'*Amis de l'Université lyonnaise*, pour leur donner patronage et assistance; l'idée de l'Université germant peu à peu dans l'âme pensive et profonde de la cité, y poussant des ramifications partout, à la Croix-Rousse comme aux Brotteaux, pénétrant des classes riches dans les classes laborieuses, si bien que naguère un groupe d'ouvriers tisseurs parlait de donner mandat impératif aux conseillers municipaux de la faire, cette Université de Lyon; les représentants les plus authentiques de l'esprit lyonnais disant d'elle : « Si nous pouvons obtenir pour notre ville la fondation de la première Université provinciale, ce sera peut-être une grande date dans l'histoire morale de notre pays[1], » voilà des faits, des faits qui prouvent que créer des Universités ce ne sera pas courir une aventure, mais répondre à des aspirations réelles et donner un état civil à des êtres déjà formés.

J'ai pris Lyon comme exemple. J'aurais pu prendre aussi Bordeaux ou Montpellier, d'autres villes encore. Partout l'examen des faits aurait montré qu'aux quatre coins de la France, comme au centre, on se rend compte, avec les nuances inévitables et nécessaires, du rôle et des services des Universités.

L'idée, qui est essentiellement une idée de décentralisation, est décentralisée. C'est une preuve qu'elle est mûre. Ceux qui la réaliseront peuvent avoir la certitude qu'ils ne feront rien d'artificiel et l'espérance qu'ils feront œuvre durable. Je ne redirai pas qu'en mettant ce faîte à l'édifice de nos lois scolaires ils feront œuvre nationale.

---

[1]. Aynard, *Lyon en 1889.*

APPENDICE

ALLOCUTION

PRONONCÉE

AU BANQUET DES ÉTUDIANTS DE MONTPELLIER

A PALAVAS

lors des Fêtes du VIe Centenaire de l'Université.

Messieurs les Étudiants,

J'en atteste ce menu : Rabelais, ancien étudiant de l'Université de Montpellier, serait content de vous. Si vous ne nous aviez donné que ce banquet, je n'ajouterais rien à ce témoignage, mais vous nous avez donné d'autres sujets de joie. Vous devez en être félicités et remerciés. En parlant ainsi, je ne pense ni à l'entente avec laquelle vous avez organisé vos fêtes, ni à l'entrain avec lequel vous les avez menées, ni à l'excellent esprit qu'en toutes circonstances, avant et pendant ces quatre jours, vous avez manifesté. De tout cela, vous n'avez pas à être loués. Le faire, ce serait donner à entendre que vous auriez pu être autrement que vous n'avez été.

Ce dont je dois vous féliciter, c'est des choses nouvelles que vous nous avez montrées.

Et d'abord cette vaste maison que l'on bâtit pour vous. De tous les étudiants de France, vous aurez été propriétaires les premiers. Il est vrai que pour le devenir vous vous êtes endettés et que vous laisserez à vos successeurs la charge d'amortir un prêt contracté pour eux autant que pour vous. Mais cela même témoigne de la confiance que vous avez dans la durée de votre association ; puis, ce qui vaut mieux encore, de la confiance qu'elle inspire autour d'elle. Vous avez trouvé prêteurs et garants. La ville, qui vous avait donné généreusement le terrain, dans un des plus beaux quartiers, s'est portée caution pour vous. Cela signifie qu'elle vous tient pour solvables.

Bientôt vous entrerez dans la maison nouvelle. Parlez-y quelquefois de l'abri modeste et provisoire où vous avez reçu vos hôtes sans autre ornement que votre jeunesse et des fleurs, et où la diversité des langues n'a engendré aucune confusion parce que les cœurs étaient d'accord.

Vous êtes aussi les premiers à avoir votre chant d'étudiants. Comme votre drapeau, vous le devez à Montpellier. De Montpellier est le poète; de Montpellier, le compositeur aussi[1]. Vous avez fourni les chanteurs et l'orchestre, et pour la première fois, hier, nous avons entendu ce chant et l'avons applaudi.

Il sera pour vous comme votre chant national. Le poète qui vous l'a donné y a mis beaucoup de ce qui doit être dans vos âmes : les petites patries de l'étudiant, la cité et l'école, puis la grande, celle de tous les Français, celle qui veut qu'on soit

A genoux pour l'aimer, debout pour la défendre.

Vous le chanterez ici, ailleurs, partout où vous serez en corps et quand vous aurez quitté l'école, plus d'une fois, j'en suis sûr, il vous reviendra sur les lèvres, et plus tard, vous l'apprendrez à vos fils, avant de les envoyer à l'Université de Montpellier.

Enfin, vous nous avez donné un spectacle que

---

1. MM. de Bornier et Paladilhe.

nous n'avions pas encore vu chez nous : cette longue théorie d'étudiants et de professeurs qui s'avançait, vendredi, dans un cadre admirable, bannières déployées, robes mêlées, conduite par ses deux recteurs : celui des professeurs, celui des étudiants.

N'ai-je pas dit : le recteur des étudiants? Rassurez-vous, Messieurs les professeurs : ce n'est qu'une métaphore. Vous ne reverrez pas le temps où les étudiants nommaient le recteur de l'Université; mais n'est-il pas, à sa façon, un *recteur*, au sens moral du mot, celui que ces jeunes gens mettent à leur tête parce qu'il a leur estime et leur confiance, et parce qu'en lui se personnifient leurs sentiments?

Je ne referai pas devant vous la théorie des associations d'étudiants; vous avez ici M. Lavisse, l'homme de France qui les connaît le mieux, parce qu'il les connaît à la façon dont le créateur connaît sa créature. Je voudrais seulement vous dire un mot sur ce qui me paraît être un de leurs offices dans la constitution et dans l'avenir des Universités de demain.

On a beaucoup parlé de tout temps de l'action des maîtres sur les élèves; on a moins parlé de l'action en retour des élèves sur les maîtres.

L'une est pourtant tout aussi réelle et tout aussi nécessaire que l'autre.

Vous avez entendu M. Croiset nous raconter qu'au moyen âge l'élève était pour le maître une sorte de créancier sans merci, qui le faisait monter en chaire dès l'aube et l'y tenait souvent tout le jour, exigeant livraison de la denrée précieuse.

Les temps sont changés, et j'ai connu des professeurs qui auraient été tentés plutôt de considérer les élèves comme des justiciables. Pour parler franc, entre ces deux conceptions extrêmes, s'il me fallait choisir, à tout prendre, je préférerais la première.

Les maîtres de l'enseignement supérieur ont, en effet, une double tâche et une double raison d'être : faire avancer la science et faire l'éducation des étudiants, leur éducation professionnelle et leur éducation générale. Entre ces deux tâches, il faut maintenir l'équilibre et ne pas sacrifier l'une à l'autre. La vérité et la vie, la vérité pour la vie, la vie par la vérité, voilà les deux termes qu'il ne faut pas séparer un instant dans l'éducation publique et nationale.

Vous avez en vous, Messieurs les professeurs,

la vision de la science. Les associations d'étudiants seront, devant vous, une vision permanente de la vie, car elles sont la jeunesse dans sa variété et dans son unité. Et au contact de cette jeunesse, vous vous sentirez incessamment rajeunis par la sève nouvelle qui lui vient chaque année. Les étudiants, c'est pour les professeurs la fontaine de Jouvence.

Messieurs les Étudiants étrangers, à mon tour, je vous salue et je vous remercie d'être venus à « ces fêtes de la vérité, » comme les appelait l'autre jour M. le Ministre de l'instruction publique. Nous serons heureux si vous en emportez un souvenir durable de la France et de nous.

Rien de plus varié que cette terre de France.

Pour arriver ici, plusieurs d'entre vous l'ont traversée du Nord au Sud. Ils l'ont vue au Nord pâle et verdoyante. Ils l'ont trouvée au Midi lumineuse, dorée et baignant dans l'azur de la mer et du ciel. Mais sous tous ses aspects, c'est partout la fécondité.

Au moral, nous offrons de même des variétés et des contrastes. Mais au fond, dans les profondeurs intimes où se conserve le génie national, c'est toujours un même esprit, l'esprit de vérité et de justice qui a produit le *Discours de la méthode* et la *Déclaration des Droits de l'Homme.*

La vérité et la justice, voilà, Messieurs, dans l'ordre moral, des forces comparables à la gravitation universelle dans l'ordre cosmogonique. Elles seules peuvent faire des individus et des nations, des systèmes ordonnés et marchant de concert. La nature a reçu sa loi de gravitation et elle la conserve imperturbablement. L'humanité — c'est sa peine et c'est aussi sa grandeur — doit enfanter la sienne.

A nous tous, Messieurs, quelle que soit notre nationalité, à nous tous qui sommes voués aux choses de l'esprit, l'honneur et le devoir de maintenir l'idéal et de le porter haut, si haut qu'il puisse apparaître un jour à toutes les nations comme un centre commun de ralliement. Ce jour-là, ce serait entre tous les peuples, avec les émulations nécessaires du travail, la paix et la justice.

DÉCRET
DU 28 DÉCEMBRE 1885

EXPOSÉ DES MOTIFS

PRÉSENTÉ

AU CONSEIL SUPÉRIEUR DE L'INSTRUCTION PUBLIQUE

A L'APPUI

DU DÉCRET DU 28 DÉCEMBRE 1885.

———

Par une circulaire en date du 17 novembre 1883, M. Jules Ferry, Ministre de l'Instruction publique, soumettait aux Facultés et aux Conseils académiques une série de questions touchant la création, en France, d'Universités analogues à celles des autres pays de l'Europe. Sans se dissimuler que, pour une pareille œuvre, le temps fût nécessaire, et que le meilleur moyen d'en assurer le succès fût de ne rien précipiter, de ne rien hasarder, le Ministre estimait qu'après les efforts accomplis et les résultats obtenus dans l'enseignement supérieur à partir du ministère de M. Duruy, la question pouvait tout au moins être mise à l'étude. L'enquête s'est poursuivie jusqu'au mois de mai 1885 ; elle a été publiée dans les « Enquêtes et documents relatifs à l'enseignement supérieur », dont elle forme le XVIe volume (grand in-8°, 640 pages) ; cette publication fait le plus grand honneur aux Facultés qui en ont fourni la matière ; elle est un témoin irrécusable de l'intérêt et de la maturité qu'elles apportent à délibérer sur leurs propres affaires, et une preuve certaine du bon usage qu'elles feraient d'une liberté plus grande.

Si l'on écarte les vues particulières qu'il fallait bien s'attendre à trouver en grand nombre dans un débat de cette importance et de cette étendue, la plupart des Facultés ont été d'accord pour demander la concession de la personnalité civile avec les privilèges et les franchises qui en découlent, la pleine liberté de leur enseignement, une plus grande indépendance administrative, enfin la concentration de leurs forces en Universités.

Dès son entrée au Ministère de l'Instruction publique, M. René Goblet s'est préoccupé, comme l'avaient déjà fait ses prédécesseurs, des moyens de satisfaire, en ce qu'ils ont de légitime et de réalisable, aux vœux des Facultés. Il a pensé qu'avant tout il fallait leur reconnaître la personnalité civile. La capacité de posséder, de recevoir et d'acquérir est, en effet, pour les institutions qui la possèdent, la condition primordiale d'une vie propre et durable, subsistant par elle-même, se développant par elle-même, sans avoir à compter incessamment avec ces influences mobiles auxquelles l'Administration ne saurait échapper. De là, les décrets du 25 juillet dernier rendus sur son rapport. Le premier de ces décrets remet les Facultés en possession d'un droit que la loi du 2 floréal an x avait conféré à tous les établissements d'instruction publique. L'autre autorise les Facultés à joindre aux dons et legs les subventions des villes, des départements et des particuliers.

Dans la pensée de M. le Ministre, les décrets du 25 juillet 1885 n'étaient que le point de départ de mesures plus larges, destinées à réaliser, avec la même prudence et le même libéralisme, les réformes réclamées par l'enseignement supérieur. Le projet soumis à l'examen du Conseil supérieur en est la suite naturelle.

Une question primait toutes les autres : convient-il de créer, sans délai, des Universités? A s'en tenir aux résultats de l'enquête, la mesure aurait l'assentiment du plus grand nombre des Facultés; presque partout on regrette l'isolement et, disons le mot, l'égoïsme dans lequel les Facultés ont vécu jusqu'ici; on déplore les pertes de toute sorte qui en résultent, l'absence de cohésion et d'un esprit commun; on demande avec instance qu'au lieu d'être comme des institutions parallèles qui ne se rencontrent pas, les diverses Facultés, dont le but est le même dans des ordres différents d'enseignement et de recherches, soient réunies et concentrées ; on signale les points par lesquels elles peuvent se toucher et s'unir, les intérêts communs dont elles devraient avoir la garde, et dont elles ne peuvent prendre aujourd'hui qu'un souci théorique ; on attend de ce rapprochement d'heureux effets et pour la dignité des personnes et pour la force des institutions et pour les progrès de l'enseignement et de la science.

Sur ce point, le Ministre ne pense pas autrement que les Facultés. Mais il a dû se demander si le moment était vraiment venu de proposer au pouvoir législatif la création d'Universités, et s'il ne valait pas mieux y préparer l'opinion par des mesures qui, n'excédant pas ses pouvoirs et ceux du Conseil supérieur, ont l'incontestable avantage de pouvoir être prises sans longs délais, et d'opérer de suite ce rapprochement si vivement souhaité par la presque totalité des Facultés. C'est à ce dernier parti qu'il s'est arrêté.

Si les Universités ne devaient pas s'appeler des Universités, il y aurait un gros obstacle de moins à leur constitution. Étymologiquement, université veut dire corporation, et donner ce nom à des corporations d'enseignement supérieur, c'est le rendre à sa destination primitive. Mais en France, l'usage, qui n'a pas cessé d'être le maître des mots, a donné au mot université un sens tout différent. Dans notre langue courante, l'Université c'est l'État enseignant, c'est l'ensemble de nos trois ordres d'enseignement public, et cette acception du mot, si irrégulière qu'elle puisse être, est devenue populaire et quasi nationale. L'Université de France a beau avoir disparu, en droit, le 15 mars 1850, en fait elle subsiste, et l'opinion persiste à lui maintenir un nom sous lequel elle fait partie de nos institutions modernes ; on pourrait même soutenir sans paradoxe que les mots « Université de France » n'ont jamais eu un sens mieux déterminé et plus expressif que depuis le jour où ils ont cessé d'avoir une acception légale. Serait-il sans danger de vouloir heurter brusquement un tel usage ? Un projet de loi par lequel on proposerait d'attribuer aujourd'hui même, à des groupes locaux de Facultés, un nom sous lequel on a l'habitude de comprendre tout l'enseignement de l'État ne provoquerait-il pas des confusions et des méprises de nature à en compromettre le succès ? L'opinion n'y verrait-elle pas, sinon un retour vers le passé, du moins la rupture de l'unité de l'enseignement national et comme un démembrement de l'Université de France ?

Ces changements de vocables ont une très sérieuse importance lorsqu'ils peuvent paraître toucher à des institutions respectées ; avant de les opérer, il faut qu'ils soient passés dans l'usage et que la loi n'ait guère qu'à les enregistrer et à les consacrer.

La lecture de l'enquête montre bien que ces appréhensions ne sont pas chimériques. Les Facultés se sont vite habituées pendant ces dernières années au double sens que pourrait avoir en France le mot Université ; mais, en dehors d'elles, il n'en est pas ainsi. Dans plus d'un Conseil académique, les représentants des conseils municipaux et des conseils généraux se sont élevés contre l'idée de constituer des Universités régionales ; et d'où tiraient-ils leurs raisons? De la nécessité de ne pas même paraître porter atteinte à l'unité de l'enseignement national. En tenant ce langage, ils exprimaient certainement ce qui est dans la plupart des esprits. Si c'est un préjugé, il faut reconnaître qu'il vient d'un sentiment dont le corps enseignant ne peut qu'être touché et reconnaissant, et qu'il a pour lui de hautes autorités, entre autres celle de M. Guizot. Au cours des discussions de la commission constituée en 1870, sous sa présidence, au Ministère de l'Instruction publique, pour préparer un projet de loi sur la liberté de l'enseignement supérieur, on s'était souvent servi du mot Université pour désigner des réunions de Facultés. Dans la séance du 19 avril, M. Guizot fit remarquer qu'il fallait réserver cette dénomination au corps ensei-

gnant dans son ensemble. « L'empereur Napoléon,
« ajouta-t-il, a eu une grande et féconde pensée en
« fondant l'unité de l'enseignement national, en le
« confiant à une corporation unique, laïque comme
« la société qu'elle devait instruire, profondément
« pénétrée de l'esprit national. On a créé ainsi un
« esprit de corps puissant, qui n'a jamais donné
« lieu à aucun abus, mais qui a été pour l'ensei-
« gnement une force salutaire. On ne trouve rien
« d'analogue dans les autres pays; il ne faut pas
« morceler ce qu'une grande pensée et le cours des
« événements ont réuni. »

Mais, à défaut de ces raisons, dont la valeur est incontestable, car elles sont tirées des mœurs publiques, il semble que le moment ne serait pas encore venu de constituer des Universités, au sens où ce mot est pris en Allemagne, en Angleterre et ailleurs. Les Universités étrangères nous offrent plus d'un type. Le type anglais peut paraître, en un sens, le plus accompli : les Universités d'Oxford et de Cambridge ne relèvent pas de l'État, auquel elles ne demandent rien; elles ont assez de biens pour se suffire largement à elles-mêmes; elles s'administrent elles-mêmes, elles se recrutent elles-mêmes. Le type allemand, avec d'assez nombreuses variétés, est fort différent. Si les Universités allemandes ont un sénat élu et un recteur élu, si elles ont voix au chapitre pour l'administration de leurs propres affaires, elles sont cependant, pour la plupart, dans une étroite dépendance de l'État : elles en dépendent par les subventions qu'elles en reçoivent et dont il règle et contrôle l'emploi ; elles en dépendent pour la nomination de leurs professeurs et de leurs fonctionnaires ; aucunes ont même cessé d'administrer leurs biens. Mais qu'elles soient des corps indépendants ou des établissements d'État, Universités anglaises et Universités allemandes ont toutes également ce trait essentiel d'être des corporations, d'avoir une tradition et un esprit commun. Or ceci est beaucoup moins l'œuvre de la législation que celle du temps. En pareille matière, surtout lorsqu'il s'agit non pas de créer de toutes pièces, sur une sorte de table rase, des institutions nouvelles, mais de transformer des institutions déjà vieilles, la loi suit les mœurs plutôt qu'elle ne les suscite, et ce serait une imprudence peut-être irréparable que de vouloir donner prématurément une forme légale à une réalité encore latente et indécise.

Le désir des Facultés est manifeste ; leur bonne volonté n'est pas douteuse. Mais les mœurs, sans lesquelles la vie universitaire serait une fiction et une illusion, sont-elles assez formées pour appeler dès aujourd'hui la sanction de la loi? Le jour où l'État constituera des Universités en France, il se dessaisira, pour elles, d'une partie de ses attributions; ces Universités ne seront pas sans doute autonomes au sens plein du mot, à la manière des Universités anglaises d'Oxford et de Cambridge : notre état politique, notre centralisation, le besoin qu'elles auront des subsides de l'État, notre système de grades conférés par elles, avec la valeur de grades d'État, tout contribuera à ce qu'elles soient des établissements d'État. Mais elles n'en recevront pas moins une partie de la puissance publique. L'État doit-il faire cet abandon avant qu'une expérience décisive l'ait pleinement justifié ? Et n'est-ce pas pour les futures Universités une meilleure condition de succès et un gage plus assuré de durée que de venir à leur heure, appelées et commandées par la force des faits, au lieu de sortir subitement d'une loi ?

On tiendrait un autre langage si, pour tenter cette expérience, l'intervention de la loi était nécessaire. Mais si vraiment les mœurs universitaires sont en germe dans nos Facultés, il n'est pas besoin d'une loi pour qu'elles se manifestent et se développent. A la condition de respecter les attributions légales du Ministre, des recteurs et des Conseils académiques, un décret suffit pour rapprocher les Facultés de chaque ressort, leur remettre le soin de leurs intérêts communs et les appeler à une vie commune. Sous cette forme pratique et rapide, bien des réformes peuvent être accomplies, bien des vœux réalisés. On s'interdit, il est vrai, certaines mesures pour lesquelles la loi serait nécessaire, mais on a l'avantage de ne rien compromettre, de tout préparer et de faire déjà beaucoup dans le présent.

On avait sous la main, pour expérimenter la concentration des Facultés, l'organe commun que leur a donné, pour une destination particulière, le décret du 25 juillet 1885, *le Conseil général des Facultés*, où elles sont toutes également représentées par des membres élus; on n'avait qu'à en étendre les attributions dans les limites autorisées par les lois.

Si ce Conseil, maître de son règlement intérieur, pouvait émettre des vœux sur toutes les questions relatives à l'enseignement supérieur, dresser le tableau général des cours et conférences des diverses Facultés, intervenir dans la rédaction des règlements de la Bibliothèque universitaire et dans la répartition des fonds mis à la disposition des Facultés pour leurs services communs, arrêter les règlements des cours libres, donner son avis sur le maintien, la suppression ou la modification des chaires vacantes, délibérer sur les projets de budget des Facultés du ressort; enfin s'il exerçait sur les étudiants la juridiction aujourd'hui dévolue aux Facultés, ne serait-il pas, sous un autre nom et avec un président représentant directement le

Ministre de l'Instruction publique, l'équivalent, pour ne pas dire plus, du sénat académique des Universités allemandes? Tout cela est possible : à la condition de symboliser dans la présidence du recteur, qui paraît nécessaire, le lien par lequel les groupes de Facultés resteraient attachés à l'État, on peut conférer au Conseil général des Facultés toutes les attributions qui viennent d'être énumérées, sans toucher à rien de ce que les lois ont établi. On ne modifie que des décrets, ce qu'un décret peut faire.

On n'empiète pas non plus sur les attributions essentielles des Facultés. Toute Faculté doit être maîtresse de son enseignement et de ses programmes ; c'est là un principe qu'on trouve énoncé presque à chaque page de l'enquête et qu'on n'a eu garde de ne pas inscrire au titre des Facultés. Cependant il est d'un intérêt commun que les cours et les exercices des Facultés ne soient pas arrangés de façon à se faire obstacle les uns aux autres ; que l'étudiant en droit puisse suivre les cours d'histoire ou de médecine légale ; que l'étudiant en histoire ait le moyen d'assister aux cours de droit romain ; que le futur médecin ne soit pas empêché de suivre, par exemple, un cours de droit criminel, ou de prendre part aux exercices de chimie, de physique ou de zoologie à la Faculté des sciences ; d'une manière plus générale, il faut que l'étudiant puisse sortir de sa spécialité. Il suffit pour cela d'une entente des Facultés. C'est le Conseil général qui l'établira.

C'est lui de même qui doit, ce semble, avoir le dernier mot en matière de cours libres. Cette institution, qui n'a pas encore donné de résultats bien sensibles dans les Facultés des lettres et des sciences, est au premier chef d'un intérêt général ; la réglementation en variera sans doute de Faculté à Faculté dans un même groupe, mais dans chaque groupe le principe doit en être le même, et c'est au Conseil général de l'établir.

Les règlements de la Bibliothèque universitaire sont plus encore affaire d'intérêt général. Jusqu'ici les Bibliothèques universitaires étaient le seul service commun des Facultés d'une même ville; elles ne doivent pas perdre ce caractère, et certainement, lorsqu'ils en prépareront les règlements, les Conseils généraux n'oublieront pas qu'en Allemagne, la Bibliothèque, ouverte à tous, est le premier institut de l'Université.

Des questions d'un intérêt général pour l'enseignement se posent encore lorsqu'une chaire devient vacante. En France, l'immutabilité des chaires est tellement dans les habitudes qu'elle a fini par devenir une règle. Peut-être cette règle n'est-elle pas toute à l'avantage de l'enseignement ; peut-être y aurait-il parfois profit à transformer une chaire quand elle vient à vaquer, selon que la science elle-même s'est transformée ; peut-être ainsi pourrait-il s'établir entre les Facultés voisines de ces transitions et de ces échanges qui sont dans la nature des choses et qu'à présent une séparation absolue interdit. C'est aux Facultés intéressées à le dire et, après elles, au Conseil général qui en résume l'ensemble et qui aura toute compétence et toute impartialité pour le déclarer.

En matière financière, chaque Faculté doit, ce qu'elle n'a pas fait jusqu'ici, délibérer sur son budget et sur les comptes administratifs de son doyen. Mais il n'est pas sans utilité que leurs budgets particuliers soient comparés et appréciés par une assemblée où elles sont toutes représentées. On le fait déjà au Conseil académique. On le fera moins sommairement, avec plus d'intérêt et, on l'espère, avec plus de profit, au Conseil général. Il va sans dire que le budget sur fonds propres de chaque Faculté n'irait pas au Conseil général ; les biens qu'elles peuvent désormais acquérir sont, pour chaque Faculté, une propriété privée, sur laquelle les autres Facultés n'ont pas droit de contrôle.

On confère au Conseil général une prérogative des plus importantes en lui donnant le droit de proposer au Ministre la répartition, entre les différentes Facultés, des fonds mis à leur disposition pour les services communs. Jusqu'ici on donne un certain crédit à la Bibliothèque universitaire ; on en donne un autre à chaque Faculté pour les frais d'éclairage et de chauffage, pour l'entretien du mobilier et pour les collections. D'ordinaire, ces crédits ne varient guère d'un exercice à l'autre. Il est presque sans exemple, et l'on comprend pourquoi, qu'un doyen ait proposé de réduire l'un ou l'autre de ces crédits spéciaux. Et pourtant il en est qui parfois dépassent les besoins ; mais, pour que rien ne soit annulé, on se hâte, quand approche la fin de l'exercice, de tout employer, même en superfluités, pendant que des services moins anciens, moins bien pourvus ou plus exigeants demeurent en souffrance. Ceci n'aurait pas lieu si l'on pouvait savoir exactement quels sont au juste, chaque année, dans chaque Faculté, les besoins variables de chaque service. Il a paru qu'on pourrait mettre en commun certains de ces services, la Bibliothèque universitaire, les collections, le mobilier, l'éclairage et le chauffage, et que le Conseil général aurait toute compétence et toute autorité pour proposer au Ministre la répartition des fonds de l'État entre ces services communs. L'expérience, du moins, vaut la peine d'être tentée ; si elle échoue, les choses resteront comme devant ; mais si elle réussit, et il dépend des Facultés pour qu'elle réussisse, un grand pas sera fait dans la voie où les Facultés demandent à entrer.

La solidarité des Facultés s'accentuera davantage et se manifestera par des signes plus sensibles encore, si, comme on le propose, les étudiants relèvent, pour la discipline, non plus de la Faculté dans laquelle ils sont inscrits, mais du Conseil général des Facultés. Il faut que l'étudiant sache que sa Faculté n'est pas la seule, et c'est, ce semble, un bon moyen de personnifier à ses yeux l'union des Facultés d'ordre différent, que de le faire relever, à quelque Faculté qu'il appartienne, d'un tribunal où elles siègent toutes. C'est aussi le seul moyen d'assurer, dans chaque centre, l'unité de discipline et d'éviter les fâcheuses conséquences de jugements diamétralement opposés, rendus, en deux espèces identiques, par deux Écoles d'une même ville. On regrette de n'avoir pu aller plus loin, en transférant au Conseil général les attributions disciplinaires du Conseil académique. Mais c'est une loi qui a conféré ces attributions au Conseil académique, et dans tout ce projet on s'est rigoureusement astreint à ne porter atteinte à aucune loi.

Les titres II et III du projet de décret sont intitulés, l'un, *du Conseil de la Faculté*, l'autre, *de l'Assemblée de la Faculté*. Il a semblé que le moment était venu de déterminer ainsi nettement et aussi complètement que possible les droits et les attributions des Facultés prises à part. Toute Faculté a une double fonction : elle donne l'enseignement supérieur et elle confère les grades, les deux choses au nom de l'État; elle est un corps constitué et une personne morale. De cette double fonction et de ce double caractère dérivent un certain nombre d'attributions essentielles.

La plus élémentaire, c'est de pouvoir émettre des vœux sur tout ce qui se rapporte à l'ordre auquel elles appartiennent. Une pratique de plusieurs années a montré les avantages qu'il y avait pour tout le monde, Administration centrale et Facultés, à les consulter sur les affaires qui les intéressent. Un pas de plus dans cette voie sera suivi de nouveaux avantages.

Une chose dont elles doivent entièrement disposer, c'est leurs programmes, sous la réserve, bien entendu, de les faire cadrer avec les exigences générales des examens. Si l'on ne se figure pas une Faculté de droit où le Code civil ne serait pas enseigné, ou bien une Faculté de médecine sans travaux pratiques d'anatomie, comprend-on bien que, dans les cadres tracés par les titres des chaires, cours et conférences et par les programmes des examens, l'État, représenté par le Ministre de l'Instruction publique, puisse imposer aux professeurs tels ou tels sujets particuliers, telle ou telle distribution des matières? L'enseignement supérieur vit de liberté; tout ce qui mettrait une entrave ou même une gêne à la spontanéité et à l'originalité des maîtres serait un mal. C'est dans la Faculté même que doivent s'élaborer les programmes; c'est dans la Faculté, et non pas au Ministère de l'Instruction publique, qu'ils doivent être discutés. Depuis deux ou trois ans, on a fait, sans dommage, l'essai de cette liberté; il faut la consacrer; en admettant qu'elle pût avoir quelques inconvénients, l'autorité la mieux placée pour y porter remède serait encore la Faculté. Dans de tels corps, la conscience et le souci du devoir s'accroissent avec la responsabilité.

C'est dans le même ordre d'idées qu'on propose de faire délibérer les Facultés sur leurs budgets. Il n'est pas possible de leur en donner la gestion : ce sont fonds de l'État, et la comptabilité publique a des règles inflexibles; mais à tout le moins doivent-elles être entendues sur la répartition des fonds qui leur sont alloués, les traitements exceptés. Jusqu'ici elles ont été tenues dans l'ignorance de leurs budgets; les uns peuvent s'en irriter, les autres en tirer prétexte pour se désintéresser des affaires communes. Les choses iront mieux si, chaque année, les différents professeurs sont appelés à débattre avec leurs collègues les besoins de leurs services; il ne peut en résulter qu'une répartition plus éclairée des fonds de l'État, et, chez les professeurs, un sentiment plus vif de la subordination de chacun à l'œuvre collective.

Quant aux biens propres des Facultés, faut-il répéter qu'elles en ont entièrement l'administration? C'est à elles de donner avis sur la convenance d'accepter ou de refuser les dons et legs faits en leur faveur; c'est à elles de régler au mieux de leurs intérêts, mais toujours en respectant la volonté des bienfaiteurs, l'emploi des libéralités reçues. Est-il nécessaire d'ajouter que c'est à elles de provoquer et d'amener ces libéralités? On peut compter qu'elles auront souci de leur budget domestique et de leur patrimoine.

Une chose de la plus haute importance pour les Facultés, c'est leur recrutement. Les titulaires se recrutent par cooptation. Rien à changer au mode de présentation actuellement en vigueur; il n'a pas provoqué de sérieuses réclamations, et d'ailleurs c'est par la loi qu'il est réglé. Seulement il a paru convenable d'en garantir, par quelques mesures fort simples, le plein et libre exercice. Ainsi désormais une chaire ne sera pas déclarée vacante sans que la Faculté ait donné son avis; de même un titulaire ne passera pas d'une chaire dans une autre ou d'une Faculté dans une autre sans qu'on ait pris au préalable l'avis de la Faculté intéressée. Pour les non-titulaires, suppléants, chargés de cours dans des chaires magistrales, chargés de cours complémentaires, maîtres de

conférences, la chose est plus complexe et plus
délicate. Faut-il, comme l'ont demandé beaucoup
de Facultés dans l'enquête, les nommer sur présentation ou proposition des Facultés? La mesure
aurait certainement des apparences libérales; mais
si l'on va au fond des choses, elle aurait de très
réels inconvénients. Il y a lieu, sur ce point, de
distinguer entre les divers ordres de Facultés.
Dans les Facultés de médecine, les chargés de
cours et suppléants sont pris parmi les agrégés,
et les candidats à l'agrégation de médecine désignent, à l'ouverture des concours, la Faculté pour
laquelle ils se présentent. Dans les Facultés de
droit, les chargés de cours et suppléants sont aussi
choisis, à moins de pénurie, dans le cadre des
agrégés. Mais les candidats à l'agrégation de droit
concourent non pas pour une Faculté déterminée,
mais pour toutes les Facultés de la République. On
a réclamé contre cette dernière disposition : on se
bornera à faire remarquer ici qu'elle ne pourrait
être changée que le jour où il y aurait des sections
différentes et spéciales dans l'agrégation de droit.
Avec des épreuves communes, comment ouvrir des
concours limités aux emplois spéciaux qui peuvent
vaquer dans telle ou telle Faculté? Il faut donc
laisser à l'Administration centrale le droit de répartir les agrégés entre les différentes Facultés, en
adaptant autant que faire se peut leurs aptitudes

démontrées ou présumées aux emplois à pourvoir.
Dans les Facultés des sciences et dans les Facultés
des lettres, et personne ne s'en plaint, il n'y a plus
d'agrégation; les spécialités doivent en outre y être
nettement tranchées. Si les Facultés des départements pouvaient connaître tous les candidats aux
cours et conférences, il y aurait tout avantage à ce
qu'ils fussent proposés par elles. Mais en fait, elles
ne les connaissent pas. Paris est le vivier d'où ils
sortent presque tous. L'essentiel, quand on les
envoie dans les départements, c'est de ne pas créer
en leur faveur une présomption qui les imposerait
plus tard au choix des Facultés lorsque des chaires
seraient devenues vacantes. On verra plus loin
qu'on s'est efforcé de faire disparaître cette présomption.

Toutes ces attributions et quelques autres encore
qu'on rencontrera plus loin dans le projet de décret
seront réparties entre ce qu'on propose d'appeler
le *Conseil* et l'*Assemblée* de la Faculté. D'après les
règlements actuellement en vigueur, qu'est-ce au
juste que la Faculté? Les uns répondront : c'est
l'ensemble des professeurs titulaires; les autres :
c'est l'ensemble des maîtres. Les uns et les autres
ont raison. Il est certaines questions sur lesquelles
seuls les titulaires doivent avoir voix au chapitre;
il en est d'autres sur lesquelles il serait injuste et
maladroit de ne pas appeler à délibérer, avec les

titulaires, les chargés de cours et les maîtres de conférences. Quiconque donne un enseignement régulier dans la Faculté a le droit d'être entendu sur les questions d'enseignement ; mais ceux-là seuls qui sont inamovibles ont qualité pour représenter la Faculté en ce qu'elle a de fixe et de permanent. De là la distinction établie par le projet entre le Conseil et l'Assemblée de la Faculté. Le Conseil, c'est l'ensemble des professeurs titulaires ; l'Assemblée, c'est l'ensemble des maîtres pourvus du grade de docteur. Le Conseil est le corps constitué, la personne morale ; il délibère sur tout ce qui rentre dans les attributions essentielles du corps qu'il constitue et de la personnalité dont il est investi : acceptation des dons, legs et subventions ; emploi des revenus et produits des dons, legs et subventions ; exercice des actions en justice ; budget ordinaire de la Faculté et comptes administratifs du doyen ; vacances de chaires ; maintien, suppression ou transformation des chaires vacantes ; mutations de chaires ; présentation aux chaires vacantes ; transferts de professeurs titulaires ; règlements sur l'assiduité des étudiants ; règlements des concours. L'Assemblée est la Faculté enseignante ; elle délibère sur tout ce qui concerne l'enseignement, en particulier sur les programmes des cours et conférences, la distribution des enseignements et les cours libres. Les professeurs honoraires, dont l'expérience est précieuse, font partie de l'Assemblée avec voix délibérative; les chargés de cours et maîtres de conférences, non pourvus du grade de docteur, en font partie avec voix consultative, l'Assemblée a en outre deux prérogatives importantes : elle élit les délégués de la Faculté au Conseil général, et, concurremment avec le Conseil général, elle présente le doyen.

C'est au *Doyen* que le titre IV du projet est consacré. Les attributions qu'il lui confère sont pleinement justifiées : le doyen représente la Faculté; à ce titre, il accepte les dons et legs et exerce les actions en justice, conformément aux délibérations du Conseil ; — il préside le Conseil et l'Assemblée, qu'il doit convoquer à la requête du tiers des membres ; — il administre la Faculté et en fait la police ; — il assure l'exécution des délibérations du Conseil et de l'Assemblée ; — il exécute les décisions du Conseil général en ce qui concerne sa Faculté ; — il veille à l'observation des lois, règlements et instructions et à l'exercice régulier des cours et conférences ; — il règle le service des examens ; — il administre les biens propres de la Faculté ; — il signe les baux et passe les marchés et adjudications ; — il prépare les budgets ; — il engage les dépenses conformément aux crédits ouverts ; — il ordonnance, par délégation du Ministre, les dépenses imputables sur les revenus de la Faculté; — il nomme les appariteurs, garçons de laboratoire et gens de service.

Par ces attributions complexes, le doyen relève à la fois de la Faculté et du pouvoir central; s'il est le président et le pouvoir exécutif de la Faculté, il est en même temps le délégué du Ministre de l'Instruction publique. C'est au nom du Ministre qu'il engage les dépenses sur les fonds de l'État et ordonnance les dépenses sur fonds de concours; c'est en son nom qu'il nomme les agents de la Faculté; c'est en son nom qu'il préside au service des examens. Dès lors il n'a pas paru qu'il pût être élu par la Faculté, sans investiture du Ministre. L'élection comporte en effet une pleine indépendance à l'égard du pouvoir central, et ce ne saurait être ici le cas. Le mieux, c'est que le doyen tienne ses pouvoirs à la fois de la Faculté et du Ministre. Il sera présenté par la Faculté et nommé pour trois ans par le Ministre. On a cru devoir, à la présentation de la Faculté, joindre celle du Conseil général des Facultés. On évitera ainsi les inconvénients qui pourraient naître en quelques endroits de l'esprit particulariste de certaines Facultés, et l'on montrera par un signe manifeste que chaque Faculté n'est pas un corps isolé, mais qu'elle tient aux Facultés.

C'est une lourde charge que celle du doyen, avec toutes les attributions qui viennent d'être déterminées. Il a paru convenable d'alléger, dans certains cas, pour celui qui la portera, les autres fardeaux qu'il doit supporter en même temps. On ne pouvait songer à le dispenser de l'enseignement, car l'enseignement est le propre du professeur. Mais le doyen pourra être dispensé de tout ou partie des examens. On lui facilite aussi la tâche en lui donnant un assesseur. Déjà les doyens des Facultés de médecine ont de ces auxiliaires. Pourquoi les doyens des autres Facultés n'en auraient-ils pas? L'assesseur doit tenir ses pouvoirs à la fois de la Faculté et du Ministre. Ce sera un des deux délégués de la Faculté au Conseil général; il sera désigné par le Ministre. L'assesseur aura pour fonctions d'assister, s'il y a lieu, le doyen, de le suppléer, en cas d'absence ou d'empêchement, et de le remplacer en cas de décès, démission ou admission à la retraite. De la sorte, l'administration de la Faculté ne sera jamais vacante.

Le titre V et dernier du projet est intitulé : *Des professeurs et de l'enseignement.* Il a paru que de ce chef l'heure était venue de réformes importantes. Rien n'est changé, on l'a déjà dit et on a dit pourquoi, au mode de nomination des professeurs titulaires. On entoure seulement cette nomination, en ce qui concerne la déclaration de vacance des chaires, les mutations de chaires dans une même

Faculté, les transferts d'une Faculté à une autre, de garanties sérieuses tout à l'avantage des Facultés. De même on a eu en vue l'intérêt des personnes, en exigeant, pour le déplacement d'office d'un titulaire, l'avis conforme de la Section permanente du Conseil supérieur. Mais on a cru que l'intérêt bien entendu de l'enseignement supérieur appelait, en ce qui concerne l'admission à la retraite, les suppléances et l'institution des chargés de cours dans les chaires magistrales, des réformes sérieuses.

Aux termes de la loi, le Ministre a le droit de mettre les fonctionnaires d'office à la retraite, à l'âge où ils ont le droit de la demander. L'exercice rigoureux de ce droit serait, en certains cas, inique et désastreux. Mais d'autre part, en se perpétuant indéfiniment dans des fonctions qu'ils ne remplissent plus qu'à demi, des professeurs vieillis nuisent à la fois aux intérêts de l'enseignement et à ceux de collègues moins âgés, dont ils arrêtent l'avancement. Il est vrai qu'ils peuvent être admis d'office à la retraite, après avis de la Section permanente sur des questions de cette nature, et, pour le faire, il faut être acculé à la nécessité. L'idéal serait certainement que le professeur qui a gagné sa chaire soit au concours, soit par ses travaux, pût la conserver sa vie durant, dût-on, lorsqu'il est affaibli par l'âge, nommer à ses côtés un titulaire plus jeune : notre régime financier ne le permet pas entièrement. Du moins, doit-on, autant que faire se peut, se rapprocher de cet idéal. C'est de cet esprit que s'inspire le système proposé. Tous les professeurs titulaires seraient admis à la retraite à soixante-dix ans; ceux desquels on pourrait encore attendre de sérieux services seraient maintenus en exercice, après avis de la Section permanente; mais ils seraient placés hors cadre, et leur chaire pourrait être déclarée vacante. De la sorte, on ne se priverait pas volontairement de forces encore vives; et, tout en les conservant, on n'arrêterait pas l'avancement de maîtres plus jeunes et légitimement impatients.

Quiconque a quelque connaissance de l'enseignement supérieur est édifié sur les inconvénients et même sur les abus des suppléances. Il est telle chaire qui pendant vingt-cinq à trente ans n'a pas été un seul jour occupée par le titulaire. D'une façon plus générale, les suppléances ont des côtés fâcheux. Le suppléant est une sorte de coadjuteur avec succession future; s'il est choisi par le pouvoir central, ce choix rend illusoire le droit de présentation de la Faculté, le jour où la chaire deviendra vacante; s'il est choisi par le titulaire, il enchaîne moralement, pour le même jour, la liberté des autres titulaires. A quoi bon créer de ces présomptions et de ces contraintes morales? Et pourquoi décourager ainsi d'avance des candidats auxquels le suppléant sera presque toujours préféré, non pour son mérite, mais par ce seul fait qu'il aura suppléé le titulaire? Ce qu'on dit des suppléants, on le dirait aussi de ces chargés de cours qu'on installe avant l'heure dans des chaires magistrales, desquelles il serait très difficile ensuite de les faire sortir. Le plus souvent, ils sont désignés par l'Administration centrale, qui crée ainsi d'avance les futurs titulaires.

Le seul remède à ce mal dont les Facultés, surtout les Facultés des départements, souffrent et se plaignent, paraît être la suppression des suppléants et des chargés de cours dans les chaires magistrales. On n'a pas l'intention de supprimer du même coup les congés. Sur ce point, le projet est aussi libéral que possible : il décide que les professeurs titulaires peuvent obtenir des congés, renouvelables pendant cinq années consécutives, pour cause de maladie ou à raison d'un service public étranger à l'Instruction publique ; que, dans le premier cas, ils conservent la moitié de leur traitement, et que, dans le second, ils reçoivent, pour assurer leurs droits à la retraite, un traitement d'inactivité de cent francs ; il décide, en outre, que les professeurs titulaires, délégués ou nommés à d'autres fonctions dans l'Instruction publique, peuvent obtenir des congés renouvelables, et conserver tout ou partie de la portion de leur traitement qui n'est pas appliquée à subvenir aux besoins de l'enseignement créés par leur absence. Les intérêts des titulaires sont donc hors de cause. Restent ceux de l'enseignement. Pour n'y pas porter tort, tout en coupant court aux inconvénients et aux abus plus haut signalés, voici quel régime on propose :

Il y aurait désormais dans les Facultés deux ordres de professeurs : l'un fixe et constant, les professeurs titulaires ; l'autre mobile et temporaire, les chargés de cours et les maîtres de conférences. En aucun cas, une chaire magistrale ne pourrait être occupée, même temporairement, que par un titulaire ; si le titulaire est en congé ou s'il a disparu, la chaire demeure inoccupée jusqu'à l'expiration du congé ou jusqu'à la nomination d'un nouveau titulaire. La chaire et le titulaire sont ainsi liés l'un à l'autre. L'enseignement n'en souffre pas. Pendant les congés des titulaires, ou pendant le temps qu'une chaire demeure inoccupée, il est pourvu aux besoins de l'enseignement au moyen de nouveaux cours ou de nouvelles conférences, renouvelables chaque année. Tous les chargés de cours et maîtres de conférences se trouvent ainsi égaux en droit devant la Faculté et n'ont d'autres titres à la titularisation que leurs travaux et leurs services. L'émulation en est excitée, au plus grand profit de l'enseignement, sans compter que ce système permet d'appeler à faire leurs preuves un plus grand nombre de jeunes docteurs.

Pour ceux d'entre eux que la fatalité des circonstances arrêterait trop longtemps ou même toujours dans ces postes auxiliaires, on propose de créer un titre spécial, celui de professeur adjoint, qui les introduirait dans le Conseil de la Faculté et leur donnerait à peu près toutes les prérogatives des titulaires.

Enfin l'on propose pour l'avancement un régime nouveau, dont on espère les plus heureux effets. Dans les départements, les professeurs titulaires sont actuellement répartis, pour chaque ordre de Facultés, entre quatre classes, aux traitements de six, huit, dix et onze mille francs. Bien des plaintes légitimes s'élèvent chaque jour contre ce mode de classement. On se plaint de demeurer trop longtemps dans les classes inférieures, et l'on se décourage en calculant qu'il faudrait plus que la moyenne d'une vie d'homme pour parvenir aux traitements supérieurs. On se plaint aussi que l'avancement n'aille pas du même pas dans les divers ordres de Facultés. Un remède héroïque qu'après mûre réflexion on n'hésite pas à proposer, serait de faire désormais l'avancement, non plus sur la totalité des professeurs du même ordre, droit, médecine, sciences et lettres, mais sur l'ensemble des chaires du même groupe de Facultés. On n'avancerait plus parallèlement dans l'ordre du droit, dans l'ordre de la médecine ou dans l'ordre des sciences ou des lettres ; mais on avancerait à Bordeaux, à Lyon, à Toulouse, à Montpellier, sur l'ensemble des chaires, qu'elles soient de droit, de médecine, de sciences ou de lettres. Bien des inégalités seraient de la sorte atténuées. Le hasard aurait toujours une part dans les chances d'avancement; les vides ne se produiraient pas mathématiquement dans les différents groupes ; mais aussi que d'avantages : on se sentirait lié d'une façon plus intime au groupe dont on fait partie ; on ne considérerait plus les Facultés voisines comme des étrangères ; on serait fixé d'une façon plus durable dans tel ou tel centre. Si l'on veut vraiment la concentration des Facultés, cette mesure s'impose. Qu'on soit entré dans l'enseignement supérieur par l'agrégation de médecine, par celle du droit, par le doctorat ès sciences ou par le doctorat ès lettres, une fois qu'on y est entré, on est professeur de l'enseignement supérieur ; on appartient à un groupe ; on doit vivre dans ce groupe et pour ce groupe, et c'est dans ce groupe qu'on doit avoir à la fois ses intérêts et son honneur. La mesure ne serait mise en vigueur que le jour où le Ministre aurait obtenu des pouvoirs publics les crédits nécessaires pour qu'elle puisse être appliquée.

Telles sont les vues générales du projet de décret soumis à l'examen du Conseil supérieur. Sans le présenter comme la charte définitive de l'enseignement supérieur, on estime qu'il réaliserait une très notable amélioration sur l'état présent des institutions; et qu'il serait un instrument pour de nouveaux progrès.

TABLE DES MATIÈRES

	Pages
Avant-propos	I
I. — Le passé des Facultés	1
II. — Les Facultés à la fin du second Empire	13
III. — La réforme : les promoteurs	25
IV. — Les bâtiments	37
V. — Les budgets, les cadres, l'outillage	45
VI. — Résultats statistiques	61
VII. — La vie intérieure : les études	71
VIII. — Les résultats scientifiques	97
IX. — L'organisation : la personnalité civile	113
X. — La concentration des Facultés	123
XI. — La concentration des étudiants	133
XII. — Pourquoi il faut des Universités : Raisons scientifiques	141

XIII. — Pourquoi il faut des Universités : Raisons
            nationales   151
XIV. — Objections et réponses   167
XV. — Objections et réponses (Suite) 179
XVI. — Universités et Facultés   185
XVII. — Les Universités et leurs milieux 209

Appendice.   217

Allocution prononcée au banquet de Palavas. . . 219

Exposé des motifs du décret du 28 décembre 1885. 229

PARIS. — TYP. GASTON NÉE, RUE CASSETTE, 1. — 2665

ARMAND COLIN et Cie, Éditeurs.

L'ENSEIGNEMENT SUPÉRIEUR
EN FRANCE
1789-1889

I. **Les Universités en 1789 — La Révolution**

PAR

M. LOUIS LIARD
Directeur de l'Enseignement supérieur au ministère de l'Instruction publique.

Un volume in-8°, broché................. 7 fr. 50

Nous n'avions pas d'histoire de l'Enseignement supérieur en France au dix-neuvième siècle ; M. Liard a entrepris de l'écrire. Le premier volume de cet important ouvrage est consacré à l'état des Universités à la fin de l'ancien régime et à l'œuvre de la Révolution en matière de haut Enseignement.

L'auteur a pensé que, pour comprendre l'évolution de cet ordre d'enseignement depuis un siècle, il fallait tout d'abord dresser le bilan matériel et le bilan moral des anciennes Universités. D'une plume aussi impartiale que bien inspirée, il fait le dénombrement de leurs maîtres et de leurs élèves, il les montre indolentes, routinières, sans initiative, n'ayant en elles aucun principe de renouvellement et de vie.

La seconde partie est consacrée à la Révolution. Née de l'esprit philosophique et scientifique, la Révolution a conçu l'Enseignement le plus complet et le plus élevé qu'on ait jamais rêvé. Elle a, dans cet ordre de choses, comme le fait ressortir le livre de M. Liard, posé le point de départ et les idées directrices d'une évolution nouvelle.

Le tome II est sous presse.

ARMAND COLIN et Cie, Éditeurs.

QUESTIONS
D'ENSEIGNEMENT NATIONAL

PAR

M. ERNEST LAVISSE

Un volume in-18 jésus, broché........ 3 fr. 50

Ce livre se compose de plusieurs morceaux écrits à des dates diverses et dans des circonstances différentes. Mais une idée maîtresse les relie, leur donne une véritable unité : c'est l'idée que l'enseignement supérieur des sciences et des lettres doit prendre une grande place dans le système de l'éducation publique et que, par lui, comme par une source haute et intarissable, les connaissances générales, l'esprit scientifique et l'esprit national doivent être portés dans l'enseignement du lycée et de l'école.

Derrière l'organisation des Facultés, l'auteur voit les résultats qu'une réforme de cette nature peut faire et leur a fait déjà produire et l'influence qu'elles peuvent avoir sur l'esprit public et partant sur l'avenir de la France.

L'élévation du point de vue où s'est placé l'auteur justifie le titre de son livre. Titre d'autant plus juste que, selon M. Lavisse, l'enseignement des Facultés, tel qu'il l'entend, doit rayonner jusqu'à l'école primaire où le patriotisme se conserve plus chaud peut-être qu'ailleurs.

ARMAND COLIN et Cie, Éditeurs.

ÉTUDES ET ÉTUDIANTS

NOTICES ET ALLOCUTIONS

SUR

le passé, le présent et l'avenir de l'enseignement supérieur,

PAR

M. ERNEST LAVISSE

PROFESSEUR A LA FACULTÉ DES LETTRES DE PARIS

Un volume in-18 jésus, broché............ 3 fr. 50

Les chapitres qui forment ce livre traitent de sujets très variés. Ce sont des discours prononcés sur la tombe d'un maître ou d'un élève regretté, de brillantes allocutions pleines de vie, d'émotion, de patriotisme adressées aux étudiants à l'occasion de l'ouverture des Facultés, à la table d'un banquet ou sur l'estrade d'une distribution de prix, des articles pleins d'esprit, de bon sens et de raison à propos des principales questions qui touchent à l'enseignement.

Le savant professeur de l'Université ne perd en effet jamais de vue l'enseignement classique. Quelle que soit la forme dans laquelle il encadre ses idées, il revient toujours à son sujet de prédilection. C'est ainsi qu'il étudie la question du grec et du latin qui a fait verser depuis quelque temps tant de flots d'encre. Ailleurs il parle de l'utilité des examens, de l'éducation professionnelle et de l'éducation scientifique, etc., etc.

Partout, M. Lavisse s'efforce d'inspirer aux étudiants l'amour des fortes études, le patriotisme le plus ardent, l'enthousiasme pour tout ce qui est noble et généreux.

ARMAND COLIN et Cie, Éditeurs.

VUE GÉNÉRALE
DE
L'HISTOIRE POLITIQUE
DE L'EUROPE

Par M. Ernest LAVISSE
Professeur à la Faculté des lettres de Paris.

DEUXIÈME ÉDITION

Un volume in-18 jésus, broché.................... 3 fr. 50

Ouvrage honoré d'une souscription du Ministère de l'Instruction publique, admis par la Commission ministérielle des Bibliothèques populaires et pédagogiques, et adopté par la Commission des livres de prix.

M. Ernest Lavisse, s'inspirant du savant ouvrage de M. Freeman sur l'histoire de l'Europe par la géographie, a voulu nous offrir un tableau d'ensemble de cette histoire, non plus comme l'éminent historien anglais, au point de vue de la géographie historique, mais au point de vue de la succession chronologique des événements.

Le savant professeur de Sorbonne prend l'histoire de l'Europe dès ses origines les plus reculées; il la suit pas à pas à travers toutes ses évolutions, fait ressortir les faits importants, laisse au contraire dans l'ombre tous les menus détails qui pourraient surcharger son tableau. Il s'attache surtout à mettre en lumière les causes des événements et leurs effets immédiats ou lointains.

Après avoir fait assister le lecteur aux changements et aux révolutions d'où est sortie l'Europe moderne, après nous avoir fait voir la chute des empires qui s'étaient promis l'immortalité, et l'avènement inattendu d'ordres de choses nouveaux amenant la solution de situations en apparence sans issue, il nous fait pressentir de nouveaux changements, de nouvelles révolutions, des événements qui transformeront le monde.

Tous ceux qui s'intéressent aux études historiques liront avec fruit le livre de M. Lavisse, ils y trouveront exposés avec une clarté remarquable les principes généraux de la philosophie de l'histoire.

ARMAND COLIN et Cie, Éditeurs.

JAMES BRYCE

LE SAINT EMPIRE
ROMAIN GERMANIQUE
ET L'EMPIRE ACTUEL D'ALLEMAGNE

Traduit de l'anglais par E. DOMERGUE

Avec une préface par M. Ernest LAVISSE

Un volume in-8°, broché............... 8 fr.

L'histoire du Saint Empire romain germanique est celle des idées qui ont conduit le monde pendant des siècles et dont l'effet est ressenti jusqu'à nos jours. Il est impossible de bien comprendre l'histoire de l'Allemagne, de l'Italie, de la France et de l'Europe entière, si l'on ne sait pas comment ces idées se sont formées, comment elles se sont répandues, et la puissance extraordinaire qu'elles ont exercée sur les faits.

Ce n'est pas un livre d'histoire ancienne que celui-là. La querelle de l'État et de l'Église n'est pas terminée. Pour bien savoir où elle en est aujourd'hui, il faut en connaître les antécédents. M. Bryce a eu soin de suivre jusqu'à l'heure présente l'histoire du Saint Empire. Son dernier chapitre nous mène jusqu'en 1871.

Dans une longue introduction, qui est à elle seule un livre, M. Ernest Lavisse a résumé d'une façon magistrale la philosophie du livre de M. Bryce. Il le recommande à l'attention des historiens, des politiques et de tous les hommes éclairés qui aiment à réfléchir sur les grandes causes lointaines des événements.

L'ouvrage de M. Bryce en est à sa huitième édition en Angleterre, où il est classique. La valeur de l'introduction de M. Ernest Lavisse lui assurera un grand succès en France.

ARMAND COLIN et Cie, *Éditeurs.*

EXCURSIONS ARCHÉOLOGIQUES
EN GRÈCE
MYCÈNES — DÉLOS — ATHÈNES — OLYMPIE
ELEUSIS — EPIDAURE — DODONE — TYRINTHE
TANAGRA

Par Ch. DIEHL

Ancien membre de l'École française d'Athènes, chargé du cours d'archéologie
à la Faculté des lettres de Nancy.

Avec 8 plans.

1 volume in-18 jésus, broché.. .... **4 fr.**

On trouvera dans ce volume un exposé très simple et très clair des grandes découvertes archéologiques faites en Grèce au xixe siècle. L'auteur s'est abstenu volontairement de tout appareil d'érudition et s'est efforcé de rendre accessible et attrayante pour tous l'exposition des recherches entreprises et des résultats obtenus.

C'est donc une œuvre de vulgarisation plutôt que de science. En lisant ces pages, on suivra les étapes successives et les admirables progrès de l'art grec, on recueillera des faits intéressants sur la vie intime des anciens peuples de la Grèce. Mycènes et Tirynthe montreront les origines de l'art hellénique et l'influence qu'il a conservée de l'Orient. Dodone et Délos feront connaître les premiers essais de la sculpture archaïque, avec de curieux détails sur l'administration des temples antiques. A l'Acropole d'Athènes, on étudiera les progrès de la statuaire et de l'architecture; dans les plaines d'Olympie, on trouvera la splendide perfection de la sculpture classique. Eleusis révélera les mystères sacrés de Cérès; Epidaure, la miraculeuse thérapeutique d'Esculape; Tanagra, enfin, mettra au jour les exquises et fragiles merveilles où s'amusa le génie de la Grèce presque expirante.

Ceux qui seront curieux d'approfondir trouveront, en tête de chaque chapitre, l'indication bibliographique des ouvrages les plus importants et des articles les plus essentiels qui ont été publiés sur chaque sujet traité.

Huit plans très détaillés accompagnent l'ouvrage et permettent de suivre le détail et les résultats des fouilles.

Armand COLIN et C**ie**, 5, rue de Mézières, Paris.

L'Enseignement supérieur en France (1789-1889). Les Universités en 1489. — La Révolution, par Louis LIARD, directeur de l'Enseignement supérieur au Ministère de l'Instruction publique. 1 vol. in-8°, br.　**7 50**

Questions d'Enseignement national, par ERNEST LAVISSE, professeur à la Faculté des lettres de Paris. 1 vol. in-18 jésus, broché.　**3 50**

Études et Étudiants, Notes et allocutions sur le passé, le présent et l'avenir de l'Enseignement supérieur, par ERNEST LAVISSE, professeur à la Faculté des lettres de Paris. 1 vol. in-18 jésus, broché.　**3 50**

Notes et discours d'Albert DUMONT, membre de l'Institut, directeur honoraire des Écoles françaises d'Athènes et de Rome, directeur de l'Enseignement supérieur au Ministre de l'Instruction publique (1873-1884). 1 vol. in-18 jésus, broché.　**3 50**

La Réforme de l'Éducation en Allemagne au dix-huitième siècle. *Basedow et le Philanthropinisme*, par A. PINLOCHE, docteur ès lettres, maître de conférences à la Faculté des lettres de Lille. 1 vol. in-8°, broché.　**7 50**

Revue Internationale de l'Enseignement. Publiée par la *Société de l'Enseignement supérieur*, paraissant le 15 de chaque mois. Abonnement (du 1er janvier) annuel, France et étranger.　**24 »**

www.ingramcontent.com/pod-product-compliance
Lightning Source LLC
Chambersburg PA
CBHW050649170426
43200CB00008B/1219